»Neutralität! Die neue Zeit hat, seit das Reich der Diplomatie seinem Untergang nahe ist, und das der Demokratie, der Menschlichkeit, begonnen hat, einen treffenderen Namen für dieses Zwittergefühl. Es giebt Momente, wo die Neutralität allenfalls nur ein Zeichen von Geistesträgheit ist, es giebt aber andere, wie die jetzigen, wo sie zum offenbaren, schreienden *Verrat* wird.« *Emma Herwegh (s. u. S. 45)*

In memoriam Uwe Jens Jensen 1941–1997

Emma Herwegh
Im Interesse der Wahrheit

*Zur Geschichte der deutschen demokratischen Legion aus Paris,
von einer Hochverräterin*

*Nach dem unzensierten Handexemplar der Autorin,
herausgegeben
und mit einem Nachwort versehen
von
Horst Brandstätter*

Libelle

Inhalt

Emma Herwegh: Vorwort   8

*Zur Geschichte
der deutschen demokratischen Legion
aus Paris, von einer Hochverräterin*   10

Biographisches Glossar   93

Editorische Notiz   99

*Rendezvous in der Rue des Saints-Pères
Tag- und Nachtgedanken über Emma Herwegh,
Frank Wedekind und andere Zeitgenossen
von Horst Brandstätter*   101

Dank   126

Impressum & allotria   128

Vorwort

Man hat über das Entstehen, die Absicht und das Resultat der deutschen, demokratischen Legion aus Paris schriftlich und mündlich so Viel und so schlecht gefabelt, daß es mir im Interesse der Wahrheit nicht unwichtig scheint, die Sache in ihrem rechten Lichte hinzustellen, so, wie es *eben* nur *der* vermag, der wie ich vom Anfang bis zum Schluß dem ganzen Unternehmen Schritt für Schritt mit Sympathie und thätiger Theilnahme gefolgt ist.

Alle andere Bedenken, die mich zu jeder andern Zeit bestimmen würden, den litterarischen Weg *nie* zu betreten – müssen in einem Augenblicke, wie der jetzige wegfallen, wo es weder einer besondern Begabung, noch eines schriftstellerischen Beruf's bedarf, auch *seine* Stimme für die Freiheit zu erheben, und der Verläumdung energisch entgegen zu treten; sondern nur eines Menschen, dessen Gefühlsnerven etwas über den Kreis seiner Privatverhältnisse hinausreichen, dessen Herz ein starker Resonnanzboden alles dessen, was in dem der ganzen Menschheit pulsirt.

Diese Eigenschaft dünkt mich, ist weder eine ausschließlich männliche noch weibliche – sie gehört beiden Geschlechtern an, so weit sie sich eben mit Beibehaltung der ihnen eigenthümlichen Auffassungsweise zu *Menschen* emanzipirt haben.

Ich mache diese lange Vorrede zu einer vielleicht recht kurzen, recht unbedeutenden Arbeit, um mich von vornherein gegen den Verdacht zu wahren, die Zahl der schriftstellerischen Frauen (mit dem technischen Ausdruck bas bleus genannt) irgendwie, selbst auch nur vorübergehend vermehren zu wollen. –

Vor dieser Laufbahn hat mich Alles geschützt, was überhaupt schützen kann:

Der Mangel an Beruf, an Neigung dazu, und vor Allem Eins, das am Sichersten und zugleich am Schönsten vor der litterarischen Pest bewahrt – ein gutes, liebendes Geschick.

Ich nehme heut die Feder zur Hand, wie ich schon bemerkt, als die mir im Moment einzig zu Gebot stehende Waffe im Interesse der Wahrheit und in dem der armen gefangenen Freunde Etwas, sei es auch noch so gering zu thun.

Der Deutsche, so weit ich ihn kenne, giebt leichter Geld für Geschriebenes als für Lebendiges aus, und da mir's vollkommen einerlei, ob man diese kleine Brochüre aus Interesse, Neugier, ja selbst aus Böswilligkeit kauft, ob man sie mit Gleichgültigkeit, mit Geringschätzung oder mit Befriedigung bei Seite legt, vorausgesetzt *daß* man sie kauft, so denk' ich, ich fang' ohne Weiteres an.

E. H.

***

Drei Tage hatten den Kindern von Paris genügt, die alte, morsche Welt mit all ihren Vorurtheilen, ihren Privilegien zu begraben und das Banner einer neuen jubelnd aufzupflanzen.

Ich sage, den *Kindern* von Paris, denn *sie* waren es recht eigentlich, welche ohne Führer, selbst von den Deputirten der Opposition verlassen, am 24. Februar als Sieger in die Tuilerieen einzogen und dem Königthum durch den einstimmigen Ruf: Vive la république! ein Ende machten.

Ja, vive la république! aber eine solche, wie sie groß und keusch aus den Händen des *armen* Volkes hervorgegangen, und von ihm weder als das ausschließliche Eigenthum *seiner* noch irgend einer *andern* Nation, sondern als das beglückende Band *aller* Völker gedacht und geschaffen war.

Darum allein hatte diese Revolution auch eine Bedeutung, *darum* die ungetheilten Sympathieen aller guten, freien Menschen.

Polen, Italiener, kurz die verschiedenen fremden Nationen, die hier in Paris zahlreich repräsentirt waren, schickten als Ausdruck ihrer Freude und Bewunderung Adressen und Deputationen an das französische Volk, das auch jetzt wieder so glorreich die Initiative für Alle ergriffen hatte – nur die Deutschen, die gewöhnlich hintennachziehen und zum Fest kommen, wenn alle Andern längst abgespeist und ihnen Nichts als die beaux restes übrig gelassen – hatten es noch nicht zu einem gemeinsamen Gruß bringen können.

Um jene Zeit kam der ehemalige Redakteur der Brüsseler Zeitung Herr Adelbert von Bornstedt nach Paris und machte einen Besuch bei Herwegh. Er lud ihn zu einer Versammlung von Deutschen ein, die noch am selben Abend im Café de Mulhouse zu Stande kommen sollte, um sich wegen einer Adresse an das französische Volk zu berathen. Gegen 400 fanden sich zur bestimmten Stunde auch daselbst ein und verständigten sich, o Wunder! wirklich darüber, daß es an der Zeit wäre, eine gemeinsame Manifestation zu machen.

Diese ohne Aufschub in's Werk zu setzen, erwählten sie gleich aus ihrer Mitte ein Comité, zu dessen Präsidenten sie Herwegh ernannten und ihm den Adreß-Entwurf übertrugen. Herr v. Bornstedt und Herr v. Löwenfels wurden zu Vicepräsidenten gewählt, und einige andere Herren, deren Namen ich mich im Augenblick nicht erinnere, übernahmen die Stelle der Sekretaire.

Um die deutsche Nation bei den Franzosen würdig zu vertreten, bedurfte es eines *unbefleckten* Namens, einer Stimme, die dem deutschen Volk lieb und bekannt war – deshalb fiel die einstimmige Wahl auf Herwegh.

Der Name des Herrn v. Bornstedt war damals, so wenigstens sagte man uns, compromittirt; ob mit Recht oder Unrecht weiß ich nicht, und es kümmert mich auch wenig. *Wir* hatten Nichts für, Nichts gegen ihn, er war uns unbekannt.

Herwegh nahm die Wahl an, setzte die Adresse auf, und das Comité erließ einen Ruf an sämmtliche hier lebenden *Demokraten* sich Montag den 6. März im Saale Valentino einzufinden um darüber abzustimmen.

Die Versammlung war zahlreich. Gegen 4000 Deutsche hatten sich eingefunden und mit großem und ungeheucheltem Beifall die Adresse von Herwegh begrüßt, welche ich hier wörtlich einschalten will.

An das französische Volk!
Der Sieg der Demokratie für ganz Europa ist entschieden. Gruß und Dank vor allem D i r, französisches Volk! In drei großen Tagen hast Du mit der alten Zeit gebrochen und das Banner der neuen aufgepflanzt für alle Völker der Erde.

Du hast endlich den Funken der Freiheit zur Flamme angefacht, die Licht und Wärme bis in die letzte H ü t t e verbreiten soll.

Die Stimme des Volkes hat zu den Völkern gesprochen und die Völker sehen der Zukunft freudig entgegen. Vereint auf e i n e m Schlachtfeld treffen sie zusammen, zu kämpfen den letzten, unerbittlichen Kampf für die unveräußerlichen Rechte j e d e s Menschen.

Die Ideen der neuen französischen Republik, sind die Ideen aller Nationen, und das französische Volk hat das unsterbliche Verdienst, ihnen durch seine glorreiche Revolution die Weihe der T h a t ertheilt zu haben. Ja, überall in Europa erwachen die demokratischen Ideen, überall stehen Millionen Männer bereit, dafür zu leben und zu sterben.

Während die Allmacht des Volkes Wunder wirkt, kommt die Ohnmacht s o g e n a n n t e r absoluter Mächte immer deutlicher zum Vorschein.

Unerschrocken und glücklich, hat die Schweiz ihrer coalisirten Schwäche Trotz geboten, unerschrocken und glücklich schreitet Italien vorwärts.

Deutschland ist bereits in seinen tiefsten Tiefen erregt, und wird und kann in dem begonnenen Kampfe nicht zurückbleiben, dem es längst durch den Gang seiner geistigen Entwicklung mit vorgearbeitet hat.

Die Freiheit bricht sich Bahn, und die Tyrannei selbst ist verdammt ihr durch blinden Widerstand Bahn brechen zu helfen und ihr Verbündeter zu werden. –

Französisches Volk, wir gehen Hand in Hand mit Dir.

Wie groß und schwierig auch immer u n s e r e Aufgabe ist, wir fühlen die Kraft mit der Arbeit wachsen.

Erhalte nur Du deine Freiheit – das Einzige, was der Erhaltung wert ist.

*Erhalte allen Deinen Kindern, was sie A l l e erkämpften, und die einzige Hilfe, welche wir von Dir begehren, ist, daß Du standhaft bleibst und uns zujauchzest, wenn wir von den Zinnen des von d e u t s c h e n Händen **befreiten** D e u t s c h l a n d s Dir zurufen:*

Es lebe die Freiheit, die Gleichheit, die Bruderliebe!
Es lebe die Demokratie!
Es lebe die europäische Republik!

***

Nachdem Herwegh seinen Vortrag beendigt, forderte er diejenigen in der Versammlung, welche *fertige* Adressen bei sich hatten auf, diese ebenfalls zu lesen, um dann den Anwesenden die Wahl frei zu stellen.

Herr Venedey, der während des Vortrages mit unglaublicher Aufregung und vielem Schweiß zu Herwegh hinauf geblickt hatte, wie jemand, der nur mit größter Mühe seinen seltenen Schatz verbirgt und den Moment beflügeln möchte, wo er ihn endlich der Welt offenbaren darf, ließ sich dies nicht zweimal sagen.

Mit einem Satz schwang er sich auf die Tribüne, zog ein Manuscript hervor und verlas in gebrochenem Französisch und mit bebender Stimme Etwas, das ich nicht näher zu classifiziren verstehe, und deshalb dem Leser gern zur unparteiischen Würdigung übergäbe, jedoch leider weder besitze noch mir verschaffen kann.

Das Einzige, was ich davon zu melden weiß, ist, daß es eine sehr schwache Approbation fand. – Etwa 50 Stimmen erklärten sich Anfangs dafür, riefen aber bald darauf: Wir haben Nichts verstanden, Sie müssen es deutsch lesen.

Grausames, unerbittliches Geschick!

Herr Venedey mußte sich entschließen, sein Manuscript Satz für Satz zu übersetzen, und somit sich selbst das Verdammungsurteil zu sprechen, da dieses Experiment am Wenigsten geeignet war, das Publikum über die Gedankenlosigkeit seiner Arbeit in Zweifel zu lassen.

Die Stille in der Versammlung wurde immer peinlicher, die Zahl der anfänglich dafür gestimmten Zuhörer mit jedem Satze geringer, bis sie sich endlich unter der großen Majorität der Gegner verlor.

Während die Adresse von Herwegh im rein *demokratischen* Sinne und so abgefaßt war, daß sie jeder freie, gute Mensch ohne Bedenken unterzeichnen konnte, gleichviel auf welches Dogma er sonst auch schwören mochte, war die Venedey'sche ganz im eng-patriotischen Sinne von 1813 und 15 gehalten, und verfehlte dadurch doppelt ihre Wirkung. Einmal, dem französischen Volke gegenüber, dem sie in sehr geschmackloser Form eine nur sehr kärgliche

Anerkennung zollte, mithin nicht als Ausdruck lebendiger Sympathie betrachtet werden konnte, was der einzige Zweck dieses gemeinsamen Grußes war, und allen *den* Deutschen gegenüber, die den hier errungenen Sieg nicht als einen speziel französischen ansahen, sondern als einen, dessen Früchte der ganzen Menschheit zukommen sollten, weil alle Völker ihren lebendigen Theil daran gehabt. Ich würde ein so unerquickliches und scheinbar unwichtiges Capitel von der Annahme oder Nichtannahme einer Adresse vollständig mit Schweigen übergehen, besonders in einer Zeit wie die, in der wir leben, wo die einzelnen Individuen immer mehr und mehr in den Hintergrund treten, die Begabtesten selbst, kaum aufgetaucht von dem großen Strom der Geschichte wieder verschlungen werden, und es sehr gleichgültig ist, *Wer* das Schlagwort ausspricht, vorausgesetzt, daß es überhaubt sein Organ findet – handelte es sich hier nicht um mehr als *persönliche* Differenzen.

Die beiden Elemente jedoch, die sich in dieser Adresse feindlich gegenüber standen, es sind dieselben, um die sich heute der Weltkampf bereits entsponnen, und der Sieg des Einen oder Andern wird entscheiden, ob wir wirklich einer neuen Zeit, einer freien Zukunft entgegen gehen, oder schrecklicher denn je dem scheußlichsten Absolutismus in die Hände fallen.

Während die Republik von den Demokraten als ein großes, **weltbefreiendes** Ereigniß erkannt und begrüßt wurde, bemühten sich die Nationalen dem neugeborenen Kinde gleich einen Taufschein auszustellen und der fünfziger Ausschuß zog dem jungen Weltbürger, der auf dem besten Wege war, Brüderschaft mit Jedem zu schließen, der ihm freundlich die Hand bot – schnell rote Hosen an und machte ihn zum Franzosen. – Nun, was rote Hosen in Deutschland bedeuten, das weiß ein Jeder! und wer wie ich erfahren, daß Dank ein Paar solcher ein armer 15jähriger Knabe, der nach dem Gefecht bei Niederdossenbach den württembergischen Kosacken in die Hände fiel, an die Kanone gebunden wurde, weil man von seiner zufälligen Beinbekleidung (das arme Kind hatte die Hosen in Strasburg geschenkt bekommen) auf sein Vaterland schloß, der zweifelt nicht mehr, daß das Mittel, welches sich die Nationalen erwählt hatten, zwar perfid, aber nichts desto weniger wirksam war. Um die Sympathieen für die junge Republik gleich im Keime zu ersticken, war es das Klügste, ihren kosmopolitischen Charakter zu einem *lokalen* herabzuziehen und daran ließen es die Herren Patrioten nicht fehlen.

Dergleichen kleinliche Machinationen glücken wol eine kurze Zeit – lange nicht – denn weder das heilige Parlament zu Frankfurt, noch die assemblée nationale hier, ist mächtig genug, das große Werk der Revolution zu einer kleinen Taschenausgabe umzupfuschen, die Jeder nach Belieben mit sich nach Haus schleppen und hermetisch verschließen kann.

Das souveraine Volk, das die Statue der Freiheit zur Freude *aller* Menschen schön und groß auf freiem Platze errichtet hat, sieht Euch im Gefühl seiner unüberwindlichen Macht ruhig und langmüthig eine Weile zu; – wenn's aber merkt, daß Ihr ein Kabinettstück daraus machen wollt – dann wehe Euch und Euren Kabinetten.

Außer diesen beiden Parteien, der »demokratischen« und »nationalen«, deren erste ihr Organ in Herwegh, die letzte in Herrn Venedey gefunden hatte, bildete sich leider gleich bei Gründung der Gesellschaft noch eine dritte, die den beiden andern entgegen war, und dadurch eine neue Spaltung der Kräfte veranlasste, die Herwegh so gerne auf Einen Kampfplatz zum gemeinsamen Wirken vereinigt hätte.

Ich spreche hier von *einem Theil* der Communisten, die sich gleich von den Demokraten lossagten, und einen Seperatclub bildeten, weil sie sich im demokratischen Verein nicht *ausschließlich* repräsentirt sahen.

Herwegh, der ebenso wenig in sozialer als in religiöser Beziehung irgend einer Kirche oder Kapelle angehört, aber seiner ganzen Natur nach, in Allem, was den Umsturz der bestehenden Gesellschaft bezweckt, mehr mit den Ansichten der äußersten sozialen Parthei, als mit denen irgend einer andern übereinstimmt, war diese Scheidung sehr leid, und er that, was in seinen Kräften stand, sie auszugleichen, da er sich jedoch zu keinem politischen oder sozialen *Dogma* bekennen wollte, so blieb die Mühe, welche er sich gab, fruchtlos (Ich bemerke dies ausdrücklich, weil diese Trennung eine nur *momentane* war, die nicht länger währen konnte, als das Motiv, das sie hervorgerufen.) Ja, wäre nicht jeder Deutsche mit seltenen Ausnahmen nach einer Seite hin wenigstens Pfaffe, so wäre die Einheit Deutschlands längst mehr als ein Problem, das zu lösen, man schon seit Jahrhunderten *vergeblich* bemüht gewesen und sich noch manches Jahr vergeblich mühen wird; und wäre in unserm lieben Vaterlande nicht jeder seine eigne Republik, und mithin der natürliche Feind seines Nachbars, wenn dieser nur im Geringsten, ja, ich möchte sagen, sich nur im Einband von ihm unterscheidet, so wäre die große deutsche Republik längst zu Stande gekommen: aber dieses musikalische Volk par excellence begreift bis jetzt nur die Einheit in der Eintönigkeit und selten, sehr selten die tiefe Harmonie, die grade erst aus der Fülle und Mannigfaltigkeit der Accorde hervorgeht.

Es thut mir leid, den Faden der Geschichte nicht eher wieder aufnehmen zu können, bis ich zuvor noch ein Mal zu Herrn Venedey zurückgekehrt bin und dem Leser pflichtschuldigst mitgetheilt habe, wie sich selbiger über seine litterarische Niederlage im Saale Valentino zu trösten suchte – die ihn vielleicht mehr als billig gekränkt hatte.

Er war seit 18 Jahren flüchtig, und hatte während dieser Zeit, wie er sagte viel gelitten und viel gedarbt, darauf hätte man allerdings bei Beurtheilung seines Manuscripts Rücksicht nehmen sollen. Dies war nun einmal von dem undankbaren Auditorium versäumt worden, und so mußte er selbst für seine Rehabilitation als homme de lettres sorgen.

Das Heilkraut, dessen er sich endlich bediente, um die seiner persönlichen Eitelkeit *tief* geschlagenen Wunden damit zu schließen und sich augenblickliche Linderung zu verschaffen, hieß: Verleumdung, und wurde von unserm Kranken nach eigenem Gutachten folgendermaßen gebraucht:

Er sandte davon unverdrossen während mehrerer Wochen ein Blatt nach dem andern an die kaum frei gewordene deutsche Presse und wickelte dies Geschenk in eine große Anzahl langweiliger und unwahrer Artikel ein, deren Haubtzweck darin bestand, den Anfangs ganz friedlichen Charakter der hiesigen deutschen, demokratischen Gesellschaft als eine für Deutschland gefahrbringende hinzustellen und dadurch das Wirken des Vereins von vornherein unpopulär zu machen, was ihm denn auch zum Theil glückte.

Seine Berichte fanden bei allen Reactionairs (die Herren Liberalen *nicht* ausgeschlossen) ein geneigtes Ohr, desgleichen beim Philister, dem Alles ein Gräuel ist, was die bestehende gesetzmäßige Unordnung irgendwie zu erschüttern droht, und machten es – was das Schlimmste war – den guten, ächten Republikanern, die nicht in direkter Beziehung zu den hiesigen Demokraten standen, fast unmöglich, sich über die *wahren* Intentionen der neu gebildeten Gesellschaft zu unterrichten.

Doch will ich dies unerquickliche Thema hier fallen lassen, und zum Hauptfaden zurückzukehren, entschlossen, ihn mit möglichst weniger Unterbrechung fortzuspinnen.

Zwei Tage nach der Versammlung im salle Valentino fanden sich um die Mittagsstunde gegen 6,000 Deutsche auf dem place du Carrousel ein. An der Spitze die französische und deutsche Fahne, brüderlich verbunden, begab sich der Zug bis vor das Hôtel de Ville, wo Herwegh, begleitet von etwa dreißigen seiner Landsleute, die Adresse überreichte, die mit warmem Enthusiasmus von den einzelnen Mitgliedern des provisorischen Gouvernements angenommen, und von einem derselben, Herrn Crémieux, erwiedert wurde.

Der Moniteur vom 9. März giebt darüber folgende Details:

Le gouvernement provisoire a reçu une députation des démocrates allemands, qui est venu lui apporter une adresse signée par 6000 de leurs compatriotes. Mr. Crémieux au nom du gouvernement provisoire a répondu:

Citoyens d'Allemagne, nos coeurs sont vivement émus des nobles paroles que vous venez de faire entendre; elles sont dignes du Peuple que vous représentez et de notre ère de liberté dans laquelle la france vient de rentrer la première, mais où elle sera suivie par toutes les nations raisonnables qui voudront aussi être libres. (de toutes parts: Oui! Oui!)

Séjour de la philosophie et des hautes études votre Allemagne sait bien ce que vaut la liberté, et nous sommes assurés qu'elle saura la conquérir par elle même sans autre aide étrangère que cet exemple vivant que nous donnons au peuple: exemple qui doit prouver à tous que la liberté est le premier des biens et la première nécessité pour l'homme (applaudissements).

Citoyens d'Allemagne, tout marche autour de nous, nous aurions été bien surpris, si au moment où nous avons donné le signal, l'Allemagne ne s'était pas aussi noblement réveillée. Elle s'agite, elle coordonne ses pensées.

L'Allemagne ne se précipite pas, elle marche, mais quand l'Allemagne marche, elle arrive au but. (Bravo! bravo!)

En attendant le jour où, forte d'elle même, comme une grande nation qu' elle est se constituant dans sa puis-

sance, l'Allemagne proclamera ces grandes idées de liberté qui viendronts l'entourer d'une nouvelle auréole, la France prend la plus vive part aux événements importants qui se préparent sur le sol de l'antique Germanie. (Bravo! bravo!)

La France applaudit avec bonheur à toutes les tentatives de liberté; c'est la liberté qui rapproche et réunit les peuples. Du jour où les nations sauront qu'elles sont soeurs, il n'y aura plus, comme vous l'avez dit qu'une seule république sur la terre, et nous pourrons tous crier: Vive la liberté! (Applaudissements de toutes parts:) Vive la liberté!

Herwegh, indem er beide Fahnen überreichte:

Que le drapeau français et le drapeau allemand restent unis à tout jamais! pour la bonheur du monde.

Mr. Crémieux.

Nous recevons ce double drapeau comme nous avons reçu le double drapeau français et américain. Ainsi se forment les alliances des peuples. (Les cris de: Vive la république française! acceuillent ces dernières paroles).

[Übersetzung siehe *Seite 91*]

***

Ich füge hier noch bei, daß die Adresse der deutschen Demokraten die *einzige* war, welche später in dem berühmten Bulletin aufgenommen wurde.

Vom Hôtel de ville ging der Zug auf den place de la bastille. Dort am Fuß der Julisäule erscholl der einstimmige Ruf: Vive la république universelle, und so schied man von einander.

Diese zwei großen Versammlungen hatten jedoch den Wunsch nach wiederholten Zusammenkünften in jedem Einzelnen angeregt, den die äußeren politischen Verhältnisse und die täglichen Nachrichten aus der Heimath, bald zu einem wirklichen *Bedürfniß* steigern mußten.

Jeder wünschte, sich möglichst bald an der Volksbewegung thätig betheiligen zu dürfen, die sich wie ein großer, unaufhaltsamer Strom auch in Deutschland Bahn zu brechen begann.

Die hiesigen Deutschen, waren noch voll von den Eindrücken der Februartage, die meisten der Arbeiter, welche später die deutsche Legion bildeten, hatten auf den Barrikaden mitgefochten – gesehen, gefühlt was ein Volk vermag, und zweifelten keinen Augenblick, daß dasjenige, was *hier* erobert und so leicht und freudig erreicht worden war, auch binnen kurzem das Eigenthum *aller* Nationen werden müsse.

Von diesem Gefühl beseelt, schickten mehrere hundert Handwerker, die auch bei den zwei ersten Versammlungen zugegen gewesen waren, einige Abgesandte an Herwegh – Herrn v. Bornstedt an der Spitze. – Durch diesen ließen sie ihn dringend auffordern, die Präsidentschaft, welche ihm die demokratische Partei bei ihrem Entstehen auf einige Stunden ertheilt hatte, auch noch ferner zu behalten, und den Verein jetzt nicht zu verlassen, wo ein gemeinsames Wirken mit jedem Tage unerläßlich werden könne.

Herwegh wollte damals *allein* nach Deutschland zurückgehen, um wie jeder Andere auch sein Wort mit zu reden in den neuen Verhältnissen.

Die hiesigen Landsleute drangen jedoch so unablässig mit der Bitte in ihn, sich ihrer Wahl nicht zu entziehen, daß er es für seine Pflicht hielt, ihrem einstimmigen Wunsche nachzugeben und eine Stellung anzunehmen, deren Klippen er sehr klar voraussah. Kommt es zu einer gemeinsamen That und mißglückt diese, so fällt immer die Verantwortlichkeit auf den Führer, gleichviel, ob er sich um die Stelle beworben, sie aus Neigung oder nur aus Selbstverleugnung angenommen – und ist das Resultat befriedigend, so hat die üble Laune aller derer zu ertragen, deren Eitelkeit dabei nicht ihre volle Rechnung gefunden, und was das Aergste – den Beifall einer Menge, deren Würdigung allein durch den glücklichen oder unglücklichen Ausgang bedingt wird. Darum wehe denen, die regiert werden, aber nicht minder beklagenswerth die, welche regieren, sei es auf lange oder kurze Zeit, über viel oder wenig Menschen, *mit* oder *ohne* Neigung.

Herwegh machte sich, wie gesagt, keine Illusionen, er war sich der Verantwortlichkeit, welche er übernahm, sehr wohl bewußt. Deshalb allein war auch das Opfer, das er den Andern brachte, indem er statt den eigenen Weg entschieden und frei zu verfolgen, sich dem Willen so Vieler anschloß und theilweis unterordnete, kein ganz geringes.

Die wenigsten Menschen wollen ja dasselbe, oder wollen überhaupt etwas Bestimmtes und nur eine sehr kleine Zahl will wirklich die *Freiheit*, als das ewig zu erstrebende Ideal, als das Einzige, das des Kampfes werth ist.

Die Mehrzahl begehrt gewöhnlich nur ein neues Kleid für den alten Götzen, den es dann je nach den Attributen bald Monarchie, bald Republik tauft, wobei aber im Grunde Alles beim Alten, jeder Stein unverrückt bleibt, und es nur auf etwas mehr oder minder Heuchelei herauskommt.

Daß zu einer neuen Welt vor Allem neuer Stoff gehört, neue, breite Weltanschauungen, *Urmenschen*, wenn man sich so ausdrücken darf, um dem alten Egoismus; der alten Thorheit und civilisirten Barbarei dem *Wesen* nicht nur dem Schein nach den Garaus zu machen, – daran denken die Wenigsten, geschweige daß sie fähig oder Willens wären, sich selbst mit umzuschaffen – und ohne das, gehts nicht *ehrlich* vorwärts.

Doch zur Geschichte! Während die deutschen Demokraten so ihre Versammlungen hielten, ohne irgend bestimmt zu wissen, welches Mittel zu ergreifen, um die politisch soziale Reform auch im Vaterland möglichst schnell fördern zu helfen (denn nur von einer *solchen* konnte die Rede sein, wo es sich darum handelte *Jedem* eine freie, menschliche Existenz zu sichern,) kam die Nachricht aus Wien, schnell darauf die von Berlin, und Brief auf Brief aus Baden, die von den dortigen Unruhen Bericht erstatteten.

Das war Zündstoff genug! ja, so Viel, daß ein Theil der Gesellschaft sich entschieden erklärte, in den nächsten Tagen nach Deutschland zu ziehen, ob mit oder ohne Zustimmung des Comités. »Jetzt, wo sich unsere Brüder draußen schlagen, sollen wir hier Reden halten? – « daraus wird Nichts. Wir wollen uns unser Recht mit *erkämpfen* helfen.

So bildete sich schnell die erste Colonne, wählte sich ihre militairischen Führer, und begab sich auf den Marsch nach Strasburg, ohne irgend einen bestimmteren Plan als den, die Republik so schnell als möglich in Deutschland mit durchsetzen zu helfen, und im Grund war dies auch für den Anfang genügend.

Diese Avantgarde zurückzuhalten, ja nur so lange bis Herwegh ihr die nöthigen Feuilles de route beim gouvernement provisoire ausgewirkt, – stand in der Macht keines Einzigen.

Hinaus! in diesem stürmischen Ruf lag aller Verstand, über den sie im Augenblick zu disponieren hatten.

Das war nicht Viel, wenn man will, zumal für Deutsche die aus dem reiflichen Ueberlegen nicht selten ihr Métier machen, und es, wenn's gut geht, darin oftmals so weit bringen, daß sie den herannahenden Sturm zu begreifen anfangen, nachdem er sie selbst zu Boden geschleudert, – erstaunlich wenig; der Unverstand ist aber zuweilen gar reitzend, mir wenigstens gefällt er recht gut, – besonders, wenn er sich mit einer solchen Fülle jugendlicher Kraft, Begeisterung und gutem Willen Bahn bricht, wie es hier der Fall war.

Ich glaube durch die einfache und wahre Relation über das Entstehen des ersten Corps der deutschen Legion alle jene lügenhafte Gerüchte widerlegt zu haben, in denen die Sache überall so dargestellt wurde, als sei irgend Jemand vom Comité oder Präsidenten aus durch Versprechungen verlockt, *angeworben* und aus seiner sichern Stellung herausgerissen worden.

Zur Widerlegung diese letzten Punktes, mag das einfache Faktum genügen, daß gerade zu jener Zeit schon 50,000 franz. Arbeiter brot- und beschäftigungslos waren, und sich die hiesige Regierung in der augenblicklichen Noth gezwungen sah, den größten Theil der fremden Handwerker zu Gunsten der Landeskinder aus den Stellen verabschieden zu lassen, – wodurch allein viele Tausend Deutsche auf die Straße gesetzt wurden.

Von Versprechungen irgend einer Art war nun gar *nie* die Rede, und mehr als 100 Mal habe ich es mit angehört, daß Herwegh denen die sich bei ihm zum Abmarsch meldeten und naiv fragten: »Was sind denn die Bedingungen von Strasburg an?« (bis dorthin bekamen sie Marschrouten) antwortete: »Hunger und Kanonen meine Freunde« – wer etwas Bess'res hofft, nicht aus eig'nem, freien Antrieb hinaus geht, oder dies ganze Unternehmen gar für eine Lebensversicherungsanstalt hält, der bleibe ja zurück, denn es sind viel mehr Chancen zu einer ersten materiellen *Niederlage* als zu einem schnellen Siege da. Die Republik will ihre Opfer, sie läßt sich Niemanden gewaltsam aufdringen, aber ebenso wenig zu Frankfurt votiren oder im Spazierengeh'n erobern.

»Wer nicht bereit ist, Alles auf die Karte zu setzen, Hunger Elend, aller Art zu ertragen, barfuß zu laufen und zu fechten wenn's Noth thut, – der bleibe getrost zu Haus, wir können keine *Dilettanten* gebrauchen.«

Die anderen Mitglieder des Comités, die fast alle Militair gewesen und von denen der jugendliche Theil natürlich besonders ungeduldig war, sich im Dienste der Freiheit die ersten Sporen zu verdienen, stimmte meines Wissens nach – doch in ihrem Betragen so weit mit Herwegh überein, daß sie sich im Eifer für die Sache weder verleiten ließen, Proselyten zu machen, noch denjenigen, welche sich bei ihnen zum Abmarsch bereit erklärten falsche Hoffnungen zu erwecken. Auch sie wiederholten es, (so viel mir bekannt ist) – daß den Kämpfern schwerlich etwas Anders als Entbehrung bevorstehe.

So bildete sich eine Colonne nach der andern und die Theilnahme der Franzosen für diese jungen, kühnen Republikaner, welche hinauszogen mit ihren Brüdern für die Freiheit zu kämpfen, war so allgemein und steigerte sich dergestalt, daß sich täglich mehrere 100 bei Herwegh zum Mitziehen anboten und dieser die größte Mühe hatte, sie zurückzuweisen.

Sie konnten nicht begreifen, daß trotz der Gleichheit der Gesinnung, der Unterschied der Kleidung genügen würde, ihnen und uns den schlechtesten Empfang in Deutschland zu sichern, ja unser ganzes Unternehmen scheitern zu machen.

Was würden sie erst gesagt haben, hätten sie gehört, daß ein mehrjähriger und bei Vielen der Unsern nicht einmal freiwilliger Aufenthalt in Frankreich hinreichend gewesen war, uns Allen das Heimatsrecht streitig zu machen. – Daß der einzige Gruß, das einzige Willkommen, welches die deutschen Blätter den republikanischen Brüdern zuriefen, welche die lange, beschwerliche Reise freudig unternahmen, um im Vaterland für das Vaterland mit ihnen zu kämpfen in dem lauten Schrei bestand: Nehmt Euch in Acht, die *fremde Horde*, die *Räuberbande* aus Frankreich dringt nächstens ein, um zu sengen und zu brennen – und daß diesen Einfall zu hindern, schnell eine Heeresmacht von vielen Tausenden an der Grenze zusammengezogen wurde.

Von Herweghs Seite war nichts versäumt worden, diesen lügenhaften Berichten ein Ziel zu setzen und dem leichtgläubigen Publikum die Augen zu öffnen – aber die Mehrzahl der Menschen glaubt ja viel lieber an das Schlechte, und so hatten denn auch die verschiedenen berichtigenden Artikel, welche in den liberalen Blättern, wie z. B. der Mannheimer Volkszeitung noch *vor* dem Antritt der Expedition erschienen waren, und von denen ich einen hier wörtlich wiedergeben will, *keinen* Erfolg.

Er lautete:
»Ist es möglich, ein solches Geschrei zu erheben, um ein Paar tausend Deutsche, die aus der Fremde in ihr Vaterland zurückkehren wollen? Und die zu diesem Zwecke und im Interesse der Ordnung thun, was alle Welt jetzt thut, d. h. sich vereinigen, um wie sie zusammen gelitten haben, nun auch in der Heimat, nicht *gegen* die Heimat zusammen zu kämpfen?

Haben nicht grade *diese* Deutschen, die zum Theil Not und Mangel, zum Theil politische Verfolgungen in die Fremde getrieben, und für ihr Vaterland mehr geduldet haben als viele Phrasenmacher – eine *doppelte* Aufforderung und einen *doppelten* Beruf an der Befreiung ihres Vaterlandes und einer bessern Gestaltung der Dinge thätig mitzuwirken? Wer wagt es – diesen ihnen zukommenden Anteil an Euerm Kampf zu schmälern? Haben sie nicht auch wie Ihr die *Pflicht*, ihre unveräußerlichen *Rechte* laut und stürmisch, eben so laut wie *Ihr* zu fordern?

Ihr wollt sie mit Flinten und Kanonen, mit Feuer und Schwert empfangen und vertilgen, weil sie vielleicht *bewaffnet* erscheinen?

Edle Sprache der jungen, deutschen Freiheit!

Entweder ist es Euch Ernst mit der allgemeinen Volksbewaffnung, und dann könnt Ihr keinen Eurer Brüder ausschließen, oder Ihr *fürchtet* noch, gesteht es, das *bewaffnete Volk*, und Ihr seid Heuchler, die nur von Volksbewaffnung reden, um einer schwindenden Popularität – für einen Augenblick wieder auf die Beine zu helfen!

Ihr sagt, Ihr braucht uns nicht? Man braucht *Jedermann*. Ihr sagt, Ihr könnt *ohne* diese *Fremden*, wie Ihr Eure Brüder nennt (und darunter Eure *besten* Brüder) fertig werden?

Fertig werden, in Euerm Sinne, ja! In unserm, im *demokratischen* Sinne – nein! denn wir wollen nicht einmal *die Freiheit*, wenn es möglich wäre, durch *Euch*, wir wollen sie durch *uns*, wir wollen sie *durch* Alle, wie *für* Alle. Niemand hat ein Mandat vom deutschen Volk bekommen, und Niemand wird uns verwehren, selbst an Ort und Stelle unser Wort aus *unserm* Munde anzubringen. Wir *werden* kommen, denn es ist unsre *Pflicht* zu kommen. Wir erkennen keine andere Macht auf Erden als das Volk *selbst* und den Willen des *ganzen* Volks; wir werden uns weder durch die Reaktionairen, noch durch die liberalen Leithämmel zurückhalten lassen, welche um sich das Heft nicht aus den Händen winden zu lassen, aus Constitutionellen über Nacht Republikaner geworden. – Wir glauben, daß ohne vorhergegangenen *Volkssturm* die neue Zeit für Deutschland nicht herauf geführt werden wird, und wir halten uns, wenn auch für ein kleines, doch für kein ganz *unnützes* Element in solchem Volkssturm, denn wir bringen die Erfahrung einer Revolution und tapfere Kämpfer von den Pariser Barrikaden mit uns. Wir verlangen die schleunigste Abschaffung der Monarchie für *ganz* Deutschland, da weder mit einem König – – –, noch mit einem Kaiser – – – ein ernsthafter Kampf gegen den Feind im Osten geführt werden kann, welche beide in ihm immer ihren geheimen Verbündeten sehen werden.

Die Republik ist für uns eine Gewissenssache, eine religiöse Angelegenheit und die Monarchie kann heute auch von keiner Majorität uns mehr aufgedrungen werden.

Die Zeit drängt, und der Krieg ist vor der Thüre. Seid Ihr wirklich vor unserer Ankunft mit Allem fertig, so bleibt Euern Brüdern in Paris immer noch übrig, das erste Regiment der deutschen Republik gegen den Russischen Absolutismus zu bilden, wozu sie Alle ohne Ausnahme bereit sind.

So Viel in Eile und vorläufig an die *frei*gewordene deutsche Masse. *Georg Herwegh.*

***

Als die zweite Colonne Paris verließ, war die Theilnahme unter dem Volke so groß, daß es nur eines Winkes vom Präsidenten bedurft hätte, und die ganze garde mobile – ohnedies längst des ewigen Aufwacheziehens müde – wäre mitgezogen.

Als man diesem Wunsch in keiner Weise entgegen kam, lief die kleine Armee wenigstens bis Vincennes mit, machte dort noch schnell eine Collekte, fraternisirte mit den deutschen Brüdern, und schied unter dem Ruf: Vive la République universelle! Vive l'Allemagne!

Die übrigen Colonnen machten sich jetzt auch marschfertig und folgten den beiden ersten schnell nach.

Der Leser wird mir die Details, die Disciplin betreffend, um so bereitwilliger erlassen, da sie zur Entwickelung der Geschichte durchaus *unwesentlich* sind, und die renseignemens, die ich ihm zu geben vermöchte, jedenfalls sehr mangelhaft ausfallen würden.

Nachdem Alles gehörig eingeleitet, und die Marschrouten auch für die später Nachkommenden besorgt waren, reiste Herwegh dem die *politische* Leitung der Expedition oblag, ebenfalls nach Strasburg ab. Ich begleitete ihn. –

Gleich nach seiner Ankunft erließ er folgende Proklamation, welche Jeden über die wahren Intentionen der Legion vollkommen unterrichten konnte und sollte:

Die pariser deutsche demokratische Legion.

An unsere deutschen Mitkämpfer aus Frankreich und der Schweiz und an das deutsche Volk.

Die Pariser deutsche demokratische Legion ist an den Ufern des Rheins angekommen; sie hat hier deutsche Freiheits-Legionen aus andern Städten Frankreichs und der Schweiz gefunden, alle gekommen um für die Freiheit des deutschen Volkes zu fechten.

Ehe wir vereint zur ersten entscheidenden That schreiten, sei ein offenes Wort an unsere Freunde und

Mitkämpfer und an das g a n z e d e u t s c h e V o l k gesprochen.

Wir sind keine Freischaaren!

Wir sind deutsche Demokraten, wollen A l l e s f ü r d a s V o l k , A l l e s d u r c h d a s V o l k ! – Wir wollen die d e u t s c h e R e p u b l i k mit dem Völker verbindenden Wahlspruche: F r e i h e i t ! G l e i c h h e i t ! B r u d e r l i e b e !

Wir sind keine Freischaaren;

Wir sind ein wohlgerüstetes Hülfskorps im Dienste des d e u t s c h e n V o l k e s , bereit für Deutschlands Freiheit und Größe zu fechten bis auf den letzten Mann, gegen innere und äußere Feinde.

Kampfgerüstet stehen wir am Rheine, und doch treibt uns nicht blinde, ungestüme Kampfeslust, – wir wünschen daß unsere Mission eine friedliche sein könne, daß der Sieg ohne Blut, die Freiheit ohne Menschenopfer errungen werden möge.

Frei von persönlichem Ehrgeize werden wir uns freuen wenn das deutsche Volk o h n e u n s seine v o l l s t ä n d i g e F r e i h e i t erringt, und diese unwiderruflich begründet, aber drei mal glücklich werden wir sein, wenn es uns vergönnt ist, an der Seite unserer Brüder in Deutschland für die Freiheit zu fechten und deren Sieg mit zu begründen.

Deutsche Brüder in der Heimath! Eure Brüder aus der Fremde, aus der Verbannung nahen, empfangt sie als Freunde! Wir gedachten niemals als Feinde auf deutschen Boden zu treten, niemals Euch die Freiheit aufzudringen, niemals Euren freien Willen zu beschränken, noch E u e r E i g e n t h u m a n z u t a s t e n .

Wir sind E u r e F r e u n d e und B u n d e s g e n o s s e n . Wir kämpfen nur E u r e Kämpfe, wollen nur

Euren Sieg, mag dieser nun auf friedlichem Wege oder mit dem Schwerte erfochten werden.

Die Armeen der Fürsten umgeben Euch von allen Seiten; schätzt Euch glücklich daß auch eine *Armee der Freiheit* in Eurer Nähe steht.

Sobald *Ihr* sie ruft, wird sie über den Rhein in Eure Mitte eilen und Eure Reihen verstärken; sie wird mit Ordnung und Mannszucht mit Begeisterung und Freiheitsliebe den letzten entscheidenden Kampf für die Geschicke Deutschlands fechten helfen.

Wir erklären Euch aber auch zugleich, daß wir ungerufen nicht kommen, daß es ferne von uns liegt, *gewaltsam* in Deutschland einzudringen, und daß, falls Ihr unglücklicher Weise Deutschland für die vollständigste Staatsform der Freiheit: *die Republik*, noch nicht reif wähnt, wir weit entfernt sind, Euch unsere Ueberzeugung aufzudringen, oder Euch zu zwingen *freie Republikaner* zu werden, wenn Ihr *Unterthanen* bleiben wollt. – Darum aber bleiben wir Republikaner mit Leib und Seele, und werden einzeln, jeder in seinem Kreise die großen Grundsätze und Lehren der Revolution von 1848 mit Wort und That verbreiten. In diesem Falle aber befürchtet nur die propagandistische Gewalt unserer Grundsätze, aber nicht unserer Waffen.

Wir werden dann dem neu erwachenden *Polen* zu Hilfe eilen, gegen Rußland kämpfen oder für *Schleswig-Holsteins* deutsche Rechte in den Kampf ziehen; – als Freiheitsarmee des deutschen Volkes werden wir an der Weichsel oder an der Ostsee stets nur für Deutschlands Größe, Freiheit und Sicherheit fechten.

Dieß ist unser Glaubensbekenntniß, dieß unser offener fester Wille; Niemand wird uns davon abbringen, – und eher würden wir unsere Waffen zerbrechen und in die

Verbannung zurückkehren, ehe wir uns bewegen lassen würden, sie gegen unsere deutschen Brüder zu richten und die Schrecken der Zerstörung über unser geliebtes Vaterland zu bringen.

Alles für das deutsche Volk! mit dem deutschen Volke! – gegen dessen Feinde und Unterdrücker.

Gruß und Bruderschaft!

Im Namen der deutschen demokratischen Legion von Paris,

Das Comité,
Georg Herwegh.
Strasburg, den 15. April 1848.

***

Die erste Colonne, welche 17–18 Tage zu ihrem Marsch gebraucht hatte, war fast zugleich mit uns in Strasburg angekommen, aber während ihrer langen Reise hatte sich die Physiognomie von Deutschland ganz und auf eine Weise geändert, die wohl außerhalb der Berechnung Aller, selbst der Scharfsichtigsten lag. Denn Wem konnte es nur in den Sinn kommen, daß nach dem Sturm in Wien so bald eine Windstille eintreten würde?

Wer nun gar voraussehe daß das Berliner Volk nachdem es sich mit solcher Todesverachtung geschlagen, noch eh' die vielen Opfer bestattet waren die ein heuchlerischer [...] König mit kaltem Blut hatte ermorden lassen, den eigenen Henker, den es zwei Tage zuvor gedemütigt, wie nie ein Mensch gedemütigt worden wieder freiwillig aus dem Koth auf den Thron schleppen würde.

Mich dünkt, die gefallenen Helden hätten eine Königskrone als Leichenstein verdient, u. es wird eine ewige Schmach in der Geschichte bleiben, daß sich in jenen Tagen wo das Heil der ganzen Menschheit an dem Einen Wort: Republik hing, k e i n *Mann gefunden, der genug Kopf u. Herz besessen hätte, dieses Eine Wort auszusprechen.*

Nach all diesen traurigen Veränderungen, die ein augenblickliches Einschreiten in Deutschland unmöglich zu machen schienen, denn auch in Baden war nach der Bewegung eine Erschlaffung eingetreten – wollte Herwegh auf etliche Tage nach Frankfurt reisen, um dort das Terrain zu recognosciren und danach den politischen Plan für die Legion entwerfen (der strategische war einzig Sache der Herrn Militairs, und ich kann es nicht genug wiederholen, daß Herwegh mit den militairischen Anordnungen *gar nichts* zu thun hatte –), als ihm auch dieser Weg des unmittelbaren Wirkens abgeschnitten wurde und zwar durch den Befehl der badischen Regierung, ihn, falls er ihr Gebiet betreten sollte, unverzüglich zu arretiren. Das war ein schlechter Dienst, der schlechteste, den man ihm und der Legion in einer Zeit erweisen konnte, wo Alles darauf ankam, sich persönlich, schnell und genau mit den badischen Republikanern zu beraten, um entweder *mit* ihnen einen günstigeren Moment zu erwarten, oder ohne Zögern einen entscheidenden Schlag zu thun – denn irgend ein *isolirtes* Gefecht unternehmen oder selbst billigen zu wollen, war Herwegh nie in den Sinn gekommen.

Was blieb da zu thun übrig? langes Besinnen war unmöglich, die Erkundigungen mussten treu und ungesäumt eingezogen und Herwegh mit den Anführern der badischen Republikaner in direkten und ununterbrochenen Verkehr gesetzt werden.

Diesen Forderungen zu genügen, schien ich ihm der geeignetste Emissair, und so reiste ich nach Mannheim ab. Dort stand's damals nicht sonderlich für unsre Sache. Die Bourgeoisie war triumphirend, und die Zahl der entschiedenen Republikaner gering.

Auf die Frage, wo Hecker sei, gab mir ein Freund die Antwort: »Man sagt, daß er nach Constanz abgereist. Sicheres wissen wir jedoch hier nicht. Ist er wirklich dort, dann bereitet sich auch Etwas vor, das in den nächsten Tagen zur Entscheidung kommen muss. Suchen Sie ihn auf und sogleich, das wird das Beste sein.«

Dieser Vorschlag des Freundes, den ich am nächsten Tage in Strasburg mitteilte, wurde gebilligt, und so trat ich am 14. April in der Frühe meine Wallfahrt zu Hecker an.

Die Auspizien, unter denen ich sie fortsetzte, waren gut; kaum in Basel angekommen, wo ich mir beim Dr. B. Auskunft über Heckers Aufenthalt holte, um meinen Reiseplan danach zu bestimmen, erfuhr ich, derselbe habe am 13ten die Republik in Constanz proklamirt, das alte Gouvernement ab-, ein neues provisorisches unter der Präsidentschaft von Peter eingesetzt, und so, begleitet von einigen 40 entschlossenen Republikanern die Initiative zur Insurrektion ergriffen.

Haben zwölf Apostel die ganze Welt revolutionirt, was werden da nicht erst vierzig thun – so dacht ich bei mir, und fuhr voll der besten Hoffnung, noch am selben Abend mit der Post nach Schaffhausen, wo mir die nähere Auskunft über den gegenwärtigen Aufenthalt der kleinen Armee nicht fehlen konnte.

»Am besten ist's,« so sagte der Gastwirt, an den ich daselbst gewiesen war, »Sie fahren nach Engen, da herum muss Hecker sein, denn er hat gestern in St. (?) übernachtet und will heut bis Donaueschingen kommen.«

»So lasst anspannen, Herr Wirt.«

Um Mittag kam ich in Engen an, grad im Moment als das Signal zum Abmarsch gegeben wurde.

Da mir's Glück wohl wollte, fand ich die ganze Heeresmacht noch beisammen, die in 24 Stunden von etlichen 40 auf 600 Mann herangewachsen war, die Cavallerie nicht zu vergessen, welche aus Einem Pferd und mehreren Reitern bestand.

Im Dorfe sah's aus, als wär' Kirchweih, oder sonst ein großes Fest. Von dem Freiheitsbaum, der mitten auf dem Kirchplatz errichtet war, wehte die deutsche Fahne, alle Bauern waren mit weit aufgesperrten Augen und Mäulern herbeigelaufen, um, wie sie ihn einstimmig nannten, den »Volksfreund Hecker« zu sehen, der auf offenem Markte so ergreifend zu ihnen gesprochen hatte, daß die Mütter sämmtlich weinten, die Väter sich vor Rührung den Schweiß von der Stirn wischten, und die jungen Bursche selbst aufforderten, sich enroliren zu lassen. Das gab Alle Hoffnung, daß die republikanische Armee um das Doppelte verstärkt Abends ihren Einzug in Donaueschingen halten werde, wohin Herr und Frau v. Struve bereits vorausgeeilt waren.

Ich ließ mich zu Hecker führen, den ich bis dahin noch nie gesehen hatte und theilte ihm Folgendes mit:

Der größte Theil der deutschen Legion ist in Strasburg versammelt und die noch fehlenden Colonnen müssen in den nächsten Tagen eintreffen.

Alle brennen vor Ungeduld, die Grenze zu überschreiten und sich ihren Brüdern anzuschließen. Sie sind des Wartens schon jetzt, wo sie die Reisestrapazen kaum ausgeschlafen, so überdrüssig, daß Herwegh die größte Mühe hat, sie von einem coup de main zurückzuhalten und ihnen begreiflich zu machen, daß unser nächstes Ziel die Vereinigung mit Ihnen ist und jeder *improvisirte* und *isolirte* Streich ein Verrat an der Freiheit wäre.

Sie wollen sich à tout prix schlagen, wenn nicht gegen Menschen, so gegen Windmühlen und da es ein Jammer wäre, wenn so viel guter Mut und so viel Kraft verloren gingen, denn die Menschen werden sich, wenn's Not thut, wie Löwen schlagen, so bestimmen Sie Herwegh möglich schnell: Tag, Ort und Stunde des rendez–vous.

Frankreich scheint ohnedies nicht Lust zu haben, das Gastrecht länger als nötig an uns ausüben zu wollen, und unsere eignen materiellen Mittel würden höchstens für ein paar Tage ausreichen.

Hecker fragte, ob Alle gut bewaffnet seien? – und wie?

Damit steht's leider bis jetzt noch kläglich, antwortete ich. Man hat Herwegh zwar, nicht offiziell, aber doch unter der Hand und andeutungsweise versprochen, ihm auf irgend eine Art die nötigen Waffen noch vor dem Ueberschreiten der Grenze zu verschaffen, aber man hat bis jetzt noch keine Anstalten dazu getroffen. Bekommen wir keine Waffen auf französischem Boden, so bleibt uns keine Wahl, und wir müssen uns, einmal auf deutschem angelangt, auf revolutionairem Wege zu verschaffen suchen, was wir haben wollen, haben müssen und man uns auf friedlichem verweigert. Das ist ohnehin immer das Sicherste.

Hecker selbst, konnte Herwegh weder den Tag noch den Ort der Vereinigung bestimmen, gab mir aber folgenden Bescheid.

Gehen Sie zu W. nach L. und sagen Sie ihm von mir, daß er sich mit seiner Mannschaft Montag den 17ten in Bewegung setzen soll. Von ihm zum Wirt M. in G., der hat ebenfalls mehrere hundert Mann, auf die er rechnen kann, und die sich auf die erste Nachricht von W. mit ihm vereinigen müssen. Dann suchen Sie Becker auf, der an der Spitze der Deutschen in der Schweiz steht, und verabreden mit ihm, daß er sich ohne Aufschub den beiden übrigen Corps anschließt, und so Herwegh den Rheinübergang möglich macht. Wo der am Leichtesten auszuführen, werden Jene, die in der Nähe sind, dann schon bestimmen, und Herwegh die nötigen Depeschen ungesäumt zukommen lassen. Auf Wiedersehn! und ein glückliches Wiedersehn!

Das Hecker'sche Corps zog mit klingendem Spiel und fliegenden Fahnen Donaueschingen zu, und ich fuhr nach L., der Residenz des Herrn W.

Das Resultat dieses Emissariats war in kurzen Worten folgendes: M. und Becker versprachen, sich jeden Augenblick zum Abmarsch bereit zu halten, und gleich nach Vereinigung der drei Corps Depeschen nach Strasburg zu schicken, mit der genauen Bestimmung Tags, Orts und der Stunde unsers Rheinübergangs.

W. hingegen, war anfangs wenig geneigt, in so kurzer Zeit auszurücken, und von dessen Zustimmung hing Alles ab, da er die zahlreichste Mannschaft und den größten Einfluss hatte. Während M. nur auf etwa 400 rechnen konnte, unter denen noch manches reudige Schaaf, denn der ganze Bezirk L. hat deren nicht wenige, und die Becker'sche Legion, zwar aus sehr wackern Leuten, aber einer noch geringeren Zahl bestand, hatte W. beim ersten Aufruf 4000 zu seiner Disposition. Alle kampflustig, Alle gut bewaffnet und reichlich mit Munition versehen.

Endlich, nach langem Hin- und Herschwanken, erhielt ich die Antwort: Wenn meine Boten, die ich heut an Hecker gesandt habe und die spätestens morgen früh heimkehren müssen, all' die guten Nachrichten bestätigen, die Sie mir mündlich und schriftlich von ihm gebracht, so werde ich Montag abmarschieren. Bereit ist Alles, und die Bagagewagen stehen auch schon gepackt.

Nach diesem Bescheid trat ich ohne Zögern meine Rückreise nach Strasburg an, wo ich Sonntag Nachmittag eintraf. Unterwegs theilte mir ein Bürger aus Heidelberg mit, daß es auch dort nicht an entschlossenen Republikanern fehle. 1200 junger Leute, so erzählte er mir, meistens Handwerker und Studenten warten nur auf ein Signal von Hecker, um nach Carlsruh zu ziehen. Die Waffen fehlten uns noch. Nun komme ich aber schon heut' mit 900 guten Büchsen zurück, die ich in der Schweiz aufgekauft und die übrigen 300 werden uns binnen wenigen Tagen nachgesandt. Dann kann's los gehen!

Als ich mit diesen herrlichen Nachrichten zurückkomme, höre ich – wahrlich ich muss noch herzlich lachen, indem ich's niederschreibe – daß das Parlament indeß zwei Friedenstauben an Herwegh abgesandt, von denen die Eine in Gestalt des Hrn. Spatz, die Andere in der des Gesalbten Venedey unerwartet in's Zimmer herein geflattert waren. Auf den Oelblättern, welche beide Boten zierlichst entgegentrugen, stand in großen Lettern auf dem Einen: *Amnestie*, auf dem Andern: *Schleswig-Holstein*.

Der Herr Spatz war stumm, dagegen nahm der neue Heilige das Wort: Kraft meines heiligen Amtes, komme ich Dir im Namen des Parlamentes den Vorschlag zu machen, (diese Taube ist nämlich zum Ueberfluss noch ein früherer Dutzbruder von Herwegh) die deutschen Arbeiter von dem bewaffneten Einfall in Deutschland abzuhalten, und verheiße dafür Allen, welche die Mahnung beherzigen, und sich bereit erklären, friedlich in ihre Heimat zurück- oder nach Schleswig-Holstein zu ziehen, sicheres Geleit, Marschrouten und Vergebung aller ihrer bisherigen politischen Sünden. So sprach der selbst erst vor wenigen Stunden amnestirte Botschafter.

Hier muss ich im Interesse der Wahrheit hinzufügen, daß das Parlament Willens war, die Absolution auf Alle auszudehnen, Herr von Beck hingegen es geeigneter fand, der Großmut des Parlaments durch folgende Klausel, welche er dem von ihm erlassenen Dekret einschalten ließ, die ihm gefälligen Schranken zu setzen: »*Nur die signalisirten Anstif-*

ter und *Anführer* können zur Durchreise nicht eingeladen werden und es ist, wenn sie sonst betreten werden, nach Vorschrift der Gesetze das Strafverfahren gegen sie einzuleiten.«

Es versteht sich von selbst, daß der Antrag des Parlaments kein Gehör fand, und die beiden Friedenstauben sich glücklich schätzen durften, wenn gleich ohne Lorbeerkränze, doch ungerupft in ihr Nest heimfliegen zu können. Bei einigem Scharfsinn, hätten sie sich vorhersagen müssen, daß in einer Legion von Demokraten, die sich nicht diesem oder jenem Chef, sondern ihrer eigenen Gesinnung zu Lieb, den Beschwerden eines so langen Marsches und einer ganz unbestimmten Zukunft unterzogen hatte, es auch keine Macht giebt, ein Bekehrungswerk durchzusetzen, als die freiwillige Zustimmung jedes Einzelnen, und auf die am Wenigsten jetzt zu rechnen war, wo die nächsten Tage endlich zu verwirklichen versprachen, was ihr einziges Ziel vom Entstehen der Expedition gewesen: Vereinigung mit den republikanischen Brüdern zur gemeinsamen That.

In dieser Machtlosigkeit des Einzelnen zu Gunsten Aller liegt der wesentliche Unterschied zwischen einem demokratischen Freicorps und einem Corps Soldaten. Während bei jenem der Anführer nur so lange eine unbeschränkte exekutive Gewalt hat, als die Majorität in ihm ihre wirklichen Vertreter erkennt – hängt bei diesem das Schicksal Aller an dem willkührlichen Befehl eines ihnen aufgedrungenen Chefs. Ein selbstständiger Gedanke, der Schatten einer spontanen, freien Bewegung und Alle sind gefährdet – natürlich mit Ausnahme des einzigen Schuldigen: des Chefs.

Kaum war diese Deputation verabschiedet, als sich eine zweite anmeldete, zusammengesetzt aus mehreren Carlsruher Bürgern und Banquiers und eingeführt durch den Abgeordneten Zittel aus Carlsruhe. Diese Herren kamen, die Friedensanträge des Parlaments nachdrücklich mit Geld zu unterstützen, und boten jedem Einzelnen, der sich zur unbewaffneten Rückkehr in seinen Heimatsort verstehen wollte, das dazu erforderliche Reisegeld an. – 15 bis 20 gingen auch wirklich darauf ein. Die Uebrigen hingegen, wiesen jenes Anerbieten mit vielem Spott zurück, obschon sie selbst nur leere Säckel hatten und die Herren Deputirten mussten mit langen Gesichtern abziehen, ließen aber dessen ungeachtet zuvor einen Theil ihrer Schätze in Strasburg als Köder für alle diejenigen zurück, die *später* durch Entbehrung mürbe gemacht, dies sanfte Joch der herben Freiheit vorziehen möchten. Die schwere Zeit ließ auch nicht lange auf sich warten. Unsere Mittel wurden täglich schmäler, die festverheißenen Depeschen der Hecker'schen Corps blieben aus, die Gastfreundschaft der Strasburger Behörde ging stark auf die Neige, und es hatte wahrlich allen Anschein, als wolle man uns durch Widerwärtigkeiten und Tracasserien aller Art zu irgend einem *unbesonnenen* Einfall in Deutschland *zwingen*.

Was die Unsern besonders kränkte und sie um den letzten Funken Geduld brachte, waren die ewigen Vorwürfe, die sie von der Strasburger Behörde hinnehmen mußten. – Diese armen Burschen, die mit Schmerzen auf das erste Signal von drüben warteten und jeden Augenblick bereit waren abzuziehen, mussten all' die schönen Reden, wie: Ihr liegt hier auf der faulen Haut, während sich Eure Brüder draußen schlagen – das ist eine Schmach! etc. etc., ruhig einstecken.

Was ich hier von dem Betragen der dortigen Behörde mitteile, die doch am Ende nur das blinde Werkzeug einer mächtigeren war, mag dem Leser als Beweis dienen, was er von der Nachricht zu halten hat, die fast die Kunde durch alle deutschen Zeitungen gemacht hat: Lamartine habe gleichzeitig mit dem Parlament auf die *Auflösung* unsers Corps gedrungen. Daß er einen solchen Befehl in Bereitschaft gehabt, ist wahr, aber nicht minder wahr, daß dieser trotz des früheren Datums, das er bei der Veröffentlichung trägt, nicht eher publicirt worden ist, *als man in Paris den Ausgang unsers Gefechts bei Niederdossenbach genau, bis in die kleinsten Details kannte*. Wäre unser Unternehmen geglückt, und die Republik mit Hülfe der deutschen Legion in Baden proklamirt worden – wer weiß, ob nicht ein anderes Papier zum Vorschein gekommen wäre. So viel ist gewiß, daß das revolutionaire Gouvernement vom 24. Februar in dieser ganzen Angelegenheit um kein Haar breit anders und offner gehandelt hat, als alle bisherigen Regierungen. Würde es sich wol sonst begnügt haben, unsere Sache, die ja solidarisch mit der ihrigen, mit der *aller* für die Freiheit kämpfenden und unter dem Drucke schmachtenden Völker, nur auf *negative* Weise zu fördern? es bei leeren Versprechungen bewenden zu lassen? Gewiß nicht! Wir begehrten ja Nichts als Waffen, Waffen, um unsern bereits kämpfenden Brüdern eine *wirklich energische* Hülfe bieten zu können und auch die verweigerte man uns aus Furcht die Neutralität vis-à-vis der andern Mächte dadurch zu verletzen. Die andern Mächte! als wenn für Republikaner eine andere als die *Volkssouverainität* existire und im Namen dieser wendeten wir uns ja nur an sie.

Neutralität! Die neue Zeit hat, seit das Reich der Diplomatie seinem Untergang nahe ist, und das der Demokratie, der Menschlichkeit, begonnen hat, einen treffenderen Namen für dieses Zwittergefühl. Es giebt Momente, wo die Neutralität allenfalls nur ein Zeichen von Geistesträgheit ist, es giebt aber andere, wie die jetzigen, wo sie zum offenbaren, schreienden *Verrat* wird.

Der 16. u. 17. April waren jetzt auch verstrichen, ohne daß die verheißenen Depeschen oder irgend ein Lebenszeichen der verschiedenen Corps bis zu uns gedrungen wäre. Wo Hecker sich aufhielt, wußte Niemand, geschweige das Schicksal der Insurgenten. – Als der Morgen des 18ten auch Nichts brachte, und die verschiedenen Sektionen versammelt waren, um ihre militairischen Uebungen zu machen und für den Fall eines nahen Abmarsches sich ihren General und die übrigen Chefs zu wählen (denn die bisherigen Führer waren nur *provisorisch* ernannt), ging ein dumpfes Murren durch's Lager.

Herwegh, der die Ursache dieser Unzufriedenheit wohl erkannte, und trotz des ewigen Treibens von allen Seiten, sich nicht hatte irre machen lassen, und keine Sekunde den klaren Blick über unsere Lage und das *wahre* Ziel unseres Wirkens aus den Augen verloren hatte, trat unter sie. Er fühlte, daß es an der Zeit, ihnen noch einmal klar und energisch auszusprechen, was sie *in* und *seit* Paris unzählige Mal von ihm gehört, aber eben so oft vergessen hatten, daß es auf ein bloßes Sichschlagen nicht nur nicht ankomme, sondern daß er dagegen im Namen der Freiheit laut protestire, und ein Fall eintreten könne, wo der Legion Nichts übrig bleibe – als sich *aufzulösen*. Wer dann von Euch mehr Lust hat, nach Schleswig-Holstein zu ziehen, oder für eine polnische Republik mitzukämpfen als friedlich in seine Heimat zurückzukehren, der mag es thun. Ihr seid freiwillig eingetreten, und seid eben so frei, die Legion zu verlassen, wenn Ihr wollt. Vereinzelt, so viel ist Euch Allen klar, können wir Nichts unternehmen, und hatten dies nie im Sinne. – Als wir Paris verließen, standen die Sachen in ganz Deutschland so, daß wir glauben mußten, es bedürfe nur eines kleinen Anstoßes, um die Revolution zum vollen Ausbruch zu bringen. Wir konnten nicht wissen, daß die rote Flamme, welche uns aus dem Vaterland entgegenleuchtete, Nichts als der *Wiederschein* des großen Weltbrandes war, den Frankreich angezündet. Unsere einzige Hoffnung in diesem Augenblick ist die Insurrektion im Seekreis, schreitet sie vorwärts, und können wir uns möglichst bald ihr anschließen – desto besser – scheitert sie, dann bleibt auch uns keine Wahl, um so weniger, da unsere materiellen Mittel zu Ende gehen, und man uns hier schwerlich noch lange und in so großer Anzahl verköstigen wird.

Nachdem die Versammlung sich getrennt hatte, und wir mit mehreren Herren vom Comité um den Mittagstisch sitzen, stürzt Delaporte, einer unserer tapfersten und feurigsten Offiziere athemlos zur Thür herein.

Nun, was giebt's? schrieen Alle aus einer Kehle? Was es giebt? wir müssen noch heute aufbrechen. Eben ist auf der Kehler Brücke ein Mann arretirt worden, der mir im Augenblick, wo er mich sah und man ihn fortschleppte, noch mit lauter Stimme zurief: Sagt Herwegh, daß er schnell mit den Deutschen kommen soll, Hecker steht bereits vor Freiburg und erwartet ihn. Sie sehen, meine Herren, wir haben keine Zeit zu verlieren.

Das Alles ist nicht unmöglich, erwiederte Herwegh, aber auf diese eine Nachricht hin, kann man nicht marschiren lassen.

Aber um's Himmels Willen, ich hab's ja mit meinen eigenen Ohren gehört. – Das zweifle ich nicht, mein lieber Freund, aber Wer steht uns dafür, daß dies keine Falle ist?

Meine Herren vom Comité, was halten Sie davon?

Wir sind Ihrer Meinung, daß man das Schicksal so Vieler nicht leichtsinnig auf's Spiel setzen darf.

Wir müssen erst genau wissen, wie es steht, zumal jetzt, wo es von falschen Gerüchten wimmelt. Lassen wir das ganze Comité schnell zusammenkommen, um gemeinsam beraten zu können, was zu thun.

So verstrich keine Viertelstunde, so war die Sitzung eröffnet, und sämmtliche Mitglieder waren einverstanden, daß Einer von uns auf der Stelle nach Freiburg fahren müsse.

Aber Wen schicken wir nun? Freiburg und die ganze Umgegend bis in's Höllenthal sollen mit Truppen besetzt sein. – Mich, meine Herren, wenn's dem Präsidenten Recht ist, und Sie mir die Botschaft anvertrauen wollen. Von Ihnen kommt Keiner durch, Sie würden festgehalten und dürfen jetzt Ihre Posten weniger als je verlassen. Mich, lässt man überall passiren. Alle waren's wohl zufrieden, und so saß ich ein halbe Stunde später auf der Eisenbahn.

Kaum halben Wegs gefahren, wußte ich auch schon, durch einen Hecker'schen Emissair, der zufällig mit mir allein im selben Waggon saß, daß an der Kehler Geschichte kein wahres Wort und sie Nichts Anderes wahr, als wofür Herwegh sie gleich gehalten – ein Falle. Den gegenwärtigen Aufenthalt Heckers konnte mir sein eigener Botschafter nicht genau sagen, denn er hatte ihn vor 24 Stunden verlassen und das ist in solchen Zeiten eine kleine Ewigkeit.

Aber wo werd' ich ihn in Freiburg am Schnellsten erfragen?

In der Turnerkneipe, und wenn's Ihnen Recht ist, gehe ich gleich von der Eisenbahn aus dorthin und bringe Ihnen dann den Bescheid in Ihren Gasthof. Wo werden Sie absteigen, Madame?

Wenn's gut geht, nirgend. Ich möchte gleich weiter, drum ist's das Beste, mein Herr, ich begleite Sie. Solcher Aufträge muss man sich ohnehin *selbst* entledigen.

Wie Sie wünschen.

Als wir ankamen war die Kneipe leer.

Wo sind die Turner? fragte mein Begleiter den Wirt.

Sie exerciren auf dem Carlsplatz, dort finden Sie Alle beisammen.

So war es.

Als ich das ganze jugendliche Heer in voller Kriegsübung beisammen sah, wurde ich seelensfroh und dachte bei mir: mit denen und mit den Unsern läßt sich die Welt erobern.

Ihr Anführer, ein Amerikaner, H. v. L. kam mir entgegen, um zu wissen was ich begehre. Als er meinen Namen und meine Mission erfahren, ließ er gleich einen seiner Freunde Namens Sch. rufen, der erst am vorigen Abend von Hecker zurückgekommen war, und mir die beste Auskunft geben konnte. Es ist derselbe, welcher, so viel ich mich entsinne, bei dem Gefecht in Freiburg an der Spitze der Sensenmänner (200 an der Zahl, meistens Arbeiter) stand, sich durch seinen Mut auszeichnete, deshalb des Hochverrats und später noch des Landesverrats beschuldigt wurde, weil er mit der Landesverräterin Herwegh nach Kandern gefahren war. Leider wußte er nichts Bestimmtes, und so musste ich mich denn entschließen, in Freiburg zu übernachten, hoffend, daß der nächste Tag Rat schaffen werde, der auch nicht ausblieb. Bis morgen früh um halb sieben, so sagten mir die beiden jungen Herren, soll Ihr Reiseplan angefertigt und ein Begleiter für Sie bereit sein, denn wir lassen Sie nicht allein weiterreisen. Die Truppen stehen rings herum, und Sie könnten leicht angehalten werden. Ihre Ritterlichkeit ließ es jedoch dabei nicht bewenden. In der Befürchtung, die Polizei könnte von meiner Anwesenheit unterrichtet, mich irgendwie behelligen, hielten mehrere Turner ohne mein Wissen während der ganzen Nacht Wache unter meinem Fenster. Das war gewiß liebenswürdig, und von Deutschen, bei denen die Chevallerie sonst nicht vorzugsweise entwickelt ist, so angenehm überraschend, daß ich mich noch im gegenwärtigen Augenblick daran freue und ihnen im Stillen dafür danke. – Diese Fürsorge war, wie ich später erfuhr, übrigens nicht überflüssig gewesen, und eine kleine Geschichte, die ich hier einschalten will, wird dem Leser am besten sagen, wie weit es die Polizei schon damals in ihren lächerlichen Verfolgungen trieb.

Als man mir sagte, daß ich in Freiburg übernachten müsse, konnte ich dem Verlangen nicht wiederstehen, eine Freundin aufzusuchen, die dort wohnt, mir sehr, sehr lieb ist, und ich seit Jahren nicht gesehen hatte. Unter Begleitung eines Turners, erreiche ich endlich, nach vielem Suchen, ihr Haus. Mein Besuch war so kurz, so überraschend für sie, daß wir vor lauter Stoff zum Reden kaum den Mund aufthaten und uns wenig mehr sagten, als: Guten Tag, und leb' wohl! Dem Polizeispion, der mir, wie ich nachträglich erfuhr, auf Schritt und Tritt bis vor die Stubenthür gefolgt war, gefiel unser Schweigen nicht – eiligst macht er seinen Bericht und 24 Stunden später erhält meine Freundin auch schon eine Vorladung. Sie ahnt nicht weshalb, stellt sich jedoch ein, und wird 12 volle Stunden in Arrest gehalten – und auf welchen Grund hin? weil sie mich während 10 Minuten in ihrem Hause aufgenommen hat, und folglich auch mit den Rebellen im Einverständniß steht. – Wie es ihr gelungen, sich genügend zu legitimiren, weiß ich nicht.

Und wohin geht unser Weg, Herr Sch.? denn der war es, der sich zur bestimmten Stunde an der Eisenbahn eingefunden hatte, mich zu Hecker zu geleiten.

Nach Mühlheim Frau Herwegh, dort werden wir ihn zwar nicht finden, aber vermutlich in der Umgegend. Wir müssen ihn aber suchen.

Als wir in dem kleinen Nest ankommen, weiß man uns Nichts zu sagen. Zwei Schwarzwälder Bauern, die ebenfalls zu Hecker wollten, waren grad so klug wie wir. In dieser Ungewißheit ging's den ganzen Tag, bei dem tüchtigsten Regenwetter, die noch beschneiten Gebirgspfade entlang. Zu Esel, zu Fuß, zu Pferd, kurz auf alle mögliche Art. Endlich gegen 8 Uhr Abends halten wir auf einem kleinen, offenen Bretterwagen unsern Einzug vor dem Löwen (?) in Zell.

Herr Wirt, wissen Sie wo Hecker ist, fragt Herr Sch.

Er soll in Lörrach oder in Kandern sein, am Sichersten ist's, sie fahren zuerst nach L., das liegt Mitte Wegs.

Wie weit ist das von hier?

Drei kleine Stunden; zu fahren 1 $^1/_2$.

So geben Sie uns gefälligst ein Fuhrwerk.

Wieder changement de dècoration und weiter. Als wir in L. ankommen, ist die ganze Stadt auf den Beinen. Mitten auf dem Damme stehen Rotten von Bürgern, die lebhaft mit einander sprechen. Die Leute gefielen mir aber nicht, sie hatten Alle so etwas Heimtückisches.

Weiß Niemand wo Hecker ist, fragte Sch.; man sagte uns, daß er, wenn nicht hier, in Kandern sein Quartier aufgeschlagen.

Da ist er nicht, fielen sie hastig ein, er ist in St. Dieser Antwort, der ich, ich weiß selbst nicht woran, die Unehrlichkeit anmerkte, schloß ich, daß er doch in Kandern war, und bat meinen Begleiter, uns dorthin zu erst führen zu lassen.

Ich hatte mich nicht getäuscht. Schon eine halbe Stunde weit blitzten uns die Wachtfeuer entgegen, überall waren Posten ausgestellt. Unser Wagen wurde angehalten, und erst nach genauer Inspektion, unter bewaffneter Begleitung in's Hauptquartier geführt.

Dies war die Nacht vor dem Gefecht, in dem Gagern fiel.

Als mich Hecker aussteigen sah, rief er aus: Sie sind's, Frau Herwegh? Na, Sie kommen grad recht, wir sitzen in der Mausfalle.

Wie das?

Von allen Seiten zeiht sich das Militair zusammen, das wird einen heißen Kampf geben.

Aber das ganze Wiesenthal ist ja noch frei, sagte ich, und dann können Sie sich ja auch noch bis auf weitere Verstärkung auf die Höhen zurückziehen.

Das kann uns nichts helfen, wir müssen vorwärts! und mit diesen Worten führte er mich die Treppe hinauf bis in's Gastzimmer. Da sah's aber köstlich aus, grad wie in Wallensteins Lager. Hier eine Gruppe, dort eine Gruppe, Einige lagen auf dem Boden, Andere saßen im lebhaften Gespräche um Tische, wieder Andere standen gedankenvoll an die Thürpfosten gelehnt. Dazu die vollste Anarchie in Betreff der Kleider und Waffen und was das Schönste war, mir wenigstens am Besten gefiel, trotz des nahen Kampfes, den Jeder vorhersah, die ungetrübteste Heiterkeit und kein einzig Leichenbitter-Gesicht. Mit Hecker war den Abend nicht viel anzufangen, wollte man ihn 5 Minuten auf derselben Stelle fixiren, so schlug er wie eine Flamme in die Höhe und verschwand. Dennoch *mußte* ich ihn sprechen.

Endlich nahm ich ihn einen Augenblick bei Seite und sagte ihm: Der einzige Grund, weshalb ich Sie zum zweiten Male aufsuche, ist, um Sie nochmals in Herwegh's Namen an Ihr ihm gegebenes Wort zu erinnern, und Sie aufzufordern, ihm unverzüglich den Vereinigungspunkt zu bestimmen. Ehe mir diese Antwort nicht geworden, kehre ich nicht heim. W. hat weder Ihren Befehl, noch seinem Versprechen wegen der Depeschen Folge geleistet, unsere Mannschaft ist der ewigen Vertröstungen von einem Tage zum andern müde, und nicht mehr zu halten, und die materiellen Mittel sind erschöpft. Es bleiben uns jetzt nur drei Wege, entweder zu verhungern, auseinanderzugehen, oder uns Ihnen in kürzester Frist anzuschließen. Darum bitte ich um eine *entschiedene* Antwort.

So sagen Sie Herwegh, *rufen* könne ich ihn nicht, aber wenn er kommen wolle, und *recht bald* und in *recht großer* Anzahl, soll mir's lieb sein.

Jene Herren dort, (es waren zwei der Stabsoffiziere M. und B.) werden das Nähere mit Ihnen besprechen.

So sehr mir Hecker gefiel, so wenig behagte mir sein Bescheid, und ich ließ deshalb meinen Unmut an dem Ersten aus, der mir in den Weg trat. Es war M.

Wollt Ihr wirklich Nichts als eine *badische* Republik, sagt ich ihm, so mögt Ihr uns getrost ausschließen, denn welcher Mensch kann sich heutiges Tags dafür interessiren. Wollt Ihr aber die Republik für ganz Deutschland, wo möglich für ganz Europa, und betrachtet wie wir dies stets von Hecker vorausgesetzt die badische nur als einen Anfang derselben, mit welchem Recht zögert Ihr da, die Mitwirkung Euerer Brüder und darunter Euerer *besten* Brüder laut zu begehren? Bedenkt wohl, daß die Männer uns'rer Legion nur um mit Euch zu kämpfen die weite Reise unternommen, und daß sie auf den Barrikaden von Paris mitgefochten; *u. vor den Eueren die Erfahrung voraus haben mit wie geringer Anstrengung man einen König fortschafft, u. der einzige Ruf: au chateau! genügt, ihn auf die lustigste Art der Welt zum Land hinaus zu jagen.*

M. der Einer von denen, die der Humor nie verläßt, am wenigsten, wenn alle andere die Köpfe hängen oder ernsthafte Gesichter schneiden, und den der Eifer des weiblichen Emissairs mehr, als es mich damals amüsirte, zu ergötzen schien, lachte auch jetzt statt aller Antwort wol einige Minuten lang harmlos fort. – Endlich faßte er sich so weit, um mir folgenden Aufschluß geben zu können:

Sie müssen Hecker nicht falsch verstehen, Frau Herwegh, er wünscht Nichts mehr, als daß sie Alle so schnell als möglich kommen, aber er ist in einer fatalen Lage, bis jetzt hofft er noch das badische Militair für sich zu gewinnen, gelingt ihm das, dann ist in Baden Alles erreicht, und das übrige Süddeutschland folgt nach. Sie wissen, wie unpopulär Ihre Sache, Dank der vielen lügenhaften Zeitungsberichte, hier geworden, daß die deutschen Arbeiter aus Paris überall als *fremde Eindringlinge* betrachtet werden. So infam, so abgeschmackt diese Gerüchte sind, sind sie dennoch in's Volk gedrungen, und ein einziger öffentlicher Aufruf an Sie, würde jetzt, wo die Soldaten noch nicht auf unsrer Seite sind, genügen, unser ganzes Unternehmen scheitern zu machen.

Dies erklärt das Zögern, rechtfertigt es aber nicht Herr M., und ich werde deshalb nicht eher fortgehen, bis Sie mir genau bestimmt, *wenn* und *wo* wir mit Ihnen zusammentreffen können.

Das sollen Sie auch nicht, Frau Herwegh, denn wir Alle möchten, Sie wären schon da; und hiemit wurde die Karte vorgeholt, und Folgendes von ihm und zweien seiner Collegen beschlossen: Die deutsche Legion soll sich marschfertig machen, um bis Samstag früh um 10 Uhr in Bansenheim eintreffen zu können, das noch auf französischem Gebiet liegt. Geht's uns bis dahin gut, so stehen wir mit den Freiburger Turnern am diesseitigen Ufer zu Ihrem Empfang bereit und ziehen Alle zusammen in Freiburg ein, wo für jenen Tag um 11 Uhr Morgens eine Volksversammlung angesagt ist. Geht's uns schlecht, so erhält Herwegh Depeschen, die ihm genau den Ort bezeichnen, an welchem wir ihn in kürzester Frist erwarten.

Ist das fest beschlossen, meine Herren?

Ja, Frau Herwegh.

Nun, so können Sie auf uns zählen, wir werden pünktlich sein. – Im selben Augenblick rief der Wirt zum Nachtessen. Die Gesellschaft ließ sich das nicht zwei Mal sagen, und war kaum eingeladen, auch schon vollzählig um den Tisch.

Schade, die Freude war kurz. Nach etwa 5 Minuten wird plötzlich Generalmarsch geschlagen. Unsere Gabeln, Stühle, Alles fliegt auf den Boden, Jeder greift zu den Waffen und stürzt mit dem Schrei: Verrat! Verrat! zur Thür hinaus; Hecker voran. Wir dachten an nichts Geringeres, als an den heimtückischen Ueberfall einiger Regimenter Hessen. Statt dessen sollte dies Sturmsignal nur die Ankunft zweier einfältiger hessischer Dragoner melden, die sich hereingeschlichen hatten, um zu recognosciren, und die man ohne vielen Lärm einfach hätte arretiren sollen. Wer diesen ingeniösen Befehl damals ertheilt, ist mir heut entfallen und gehört auch nicht zur Sache.

Gegen 2 Uhr Morgens hielt der Wagen vor der Thür, der meinen Begleiter und mich durch die verschiedenen feindlichen Posten zurück nach Freiburg führen sollte.

Also Samstag früh um 10 Uhr in Bansenheim! Viel Glück bis dahin, meine Herren.

Die Hecker'schen Posten waren gewiß 20 Minuten weit ausgestellt. Die Nacht war klar aber kalt und die armen Bursche froren auf ihrer Spreu; dennoch schienen Alle guten Muts. Bei den Soldaten sah es weniger fröhlich aus. Ein Freiburger Offizier, welcher den ersten badischen Vorposten befehligte und ein Landsmann und Bekannter meines Begleiters war, gab diesem, den er für gut herzoglich hielt, mit weinerlicher Stimme folgenden Auftrag mit auf den Weg: Sagt nur zu Haus', mich würden sie wol nimmer wiederseh'n, denn ich steh' auf dem allergefährlichsten Posten. Dann fragt er ihn noch dies und jenes in Betreff der Truppenanzahl der Insurgenten, wie stark die feindlichen Posten, wie viel schweres Geschütz u. s. w., worauf ihm Sch. auch alle mögliche, nur nicht die wahre Auskunft gab und als Lohn für diese wichtigen Details auch die schriftliche Erlaubniß erhielt, an den übrigen Posten ungehindert vorüberfahren zu dürfen. – Je mehr wir uns Freiburg näherten, desto heller starrte es von Waffen. Ein Regiment sprengte nach dem andern an uns vorbei; bald die hessischen Dragoner mit ihren weiten, weißen Mänteln, bald die Artillerie mit ihrem Geschütz – dann wieder ein Regiment Cavallerie, es nahm aber kein Ende. Jeden Augenblick kam neue Verstärkung, denn die Eisenbahn ruhte während der ganzen Nacht nicht.

Als ich mich um 7 Uhr von meinem lieben, ritterlichen Gefährten in Freiburg trennte, fand ich einen der Unsern, mich nach Strasburg zu begleiten. Es war Herr C., der durch mein langes Ausbleiben ungeduldig, sich selbst auf den Weg gemacht hatte, um Erkundigungen über Hecker einzuziehen, und jetzt, wo er durch mich das Nötige erfuhr, gleich wieder mit zurückkehrte. – Die Nachricht des endlichen Abmarsches wurde mit Jubel von der Legion aufgenommen, und so fuhren wir am Morgen des 22ten noch vor Sonnenaufgang auf einem uns von der Behörde bewilligten Extrazuge Bansenheim zu. Damals waren wir gegen 800 Mann, zwei Tage später, beim Rheinübergang, nicht mehr als 675 und bei Niederdossenbach nur 650. Herr B., der früher den polnischen Feldzug mitgemacht hatte, war von der Legion zum General, v. C., ein ehemaliger preußischer Offizier, zum Chef des Generalstabes und v. L. zum Chef des ersten Regiments ernannt. Von den verschiedenen Bataillons-Chefs sind mir nur einige besonders tapfere wie Delaporte, Schimmelpenning und Muschacke im Gedächtniß geblieben, von denen der Erste noch heute im Gefängniß zu Bruchsal schmachtet, die beiden Andern im Kampf gefallen sind. Herr von Bornstedt, obschon ebenfalls Offizier, hatte sich bisher als Vicepräsident von dem militairischen Commando fern gehalten, als er jedoch das erste und zweite Bataillon grade im entscheidenden Moment führerlos sah (denn der des ersten hatte seinen Posten wegen kleinlicher Privatangelegenheiten (?) schon vor dem Rheinübergang, der Andere wegen Privatfeigheit dicht vor dem Gefecht verlassen), stellte er sich freiwillig an die Spitze *beider* Corps und führte sie tapfer in's Feuer.

Herweghs erste Frage in Bansenheim war nach den Depeschen, aber keine war eingegangen. Schlechtes Omen! so verging der ganze Tag in vergeblichem Warten. Alles was man uns mitteilen konnte war, daß die Truppen von unserer Ankunft in B. unterrichtet, sich am jenseitigen Ufer bei Neuenburg vis-à-vis von Chalampe in großen Massen zusammengezogen hatten und uns dort erwarteten. – Die Herren Soldaten in diesem Irrthum zu bestärken, und uns durch die Concentration aller feindlichen Kräfte auf diesen *einen* Punkt, die Passage an den übrigen frei zu machen, ordnete Corvin noch in selbiger Nacht einen Scheinangriff von der zwischen Chalampe und N. gelegenen Insel an. Diese Kriegslist glückte.

In gleicher Ungewißheit wie der erste, verstrich auch der zweite Morgen. Weder Bote, noch Brief! Wir mußten dieses Ausbleiben der Depeschen für ein sicheres Zeichen halten, daß Hecker mit den Seinigen in Gefahr, und beschlossen deshalb auch ohne Signal von ihm, noch in nächster Nacht den Rhein zu passiren. – Alfred de Horter, ein junger gewandter Franzose, einer unserer besten Stabsoffiziere, mußte auf Befehl des Generals das Terrain recognosciren um am geeignetsten Punkt Alles zum Uebergang vorzubereiten. Börnstein selbst brachte den ganzen Nachmittag mit Verteilung der Waffen zu, ohne irgend Rücksicht darauf zu nehmen, daß Herwegh in Paris fest hatte versprechen müssen, die Bewaffnung erst auf *deutschem* Boden vornehmen zu lassen, um jede unnötige Collision zu vermeiden. Dieser Eigensinn hätte uns theuer zu stehen kommen können, denn kaum hatte die Gensd'armerie, welche in der Umgegend stand, von dieser Bewaffnung Wind bekommen, als sie sich auch nach B. aufmachte, um uns ohne Weiteres zu entwaffnen, und nicht der militairischen Einsicht des Generals, sondern lediglich dem glücklichen Zufall, der uns eine halbe Stunde vor ihrer Ankunft dem jenseitigen Ufer zuführte, hatten wir es zu danken, daß dieses Vorhaben vereitelt wurde. Ich muß noch anreihen, daß Herwegh wenige Stunden vor unserm Abmarsch eine Depesche folgenden Inhalts vom Obrist Siegel erhalten hatte: »Kommen Sie so schnell als möglich nach Todtnau, dort stehe ich mit 3,000 Mann und erwarte Sie. Sobald unsere Legionen vereinigt sind, schließen wir uns dem Hecker'schen Corps an, und ziehen zusammen vor Freiburg – Waffen und Munition finden Sie bei uns.«

Dieser Nachsatz war besonders tröstlich, denn es fehlte uns an Allem, ausgenommen an Mut. Um 9 Uhr Abends wurde Generalmarsch geschlagen und um 1 Uhr Morgens erreichten wir Großknubs, wo wir, Dank unserm wackeren Franzosen, Schiffer und Schiffe bereit fanden, uns an den heimischen Strand zu führen.

Es war eine milde, sternenhelle Nacht, die Nachen glitten schnell und ruhig über dem Wasser hin, aber bis sie uns Alle glücklich an's Ufer getragen hatten, dämmerte auch der Tag. Vive la République! war der erste Gruß, den wir wie Einer Stimme Einem Herzen entquellend, als Boten voraus schickten, aber Niemand erwiederte ihn. Der kleine hessische Posten, der dicht bei unserm Landungsplatz ausgestellt war, hatte eiligst die Flucht genommen, kein Grenzwächter ließ sich blicken, und so zogen wir ungehindert die Höhen hinan, dem ersten Dorfe zu. Die Bauern, denen zuerst wol nicht recht geheuer sein mochte, waren ganz erstaunt, als sie statt der ihnen angekündigten Räuberbande eine singende fröhliche Schaar ankommen sahen, die nichts begehrte als freien Durchzug. In ihrer ersten Freude schleppten sie herbei, was sie nur an Mundvorrat hatten, und konnten sich nicht genug wundern, daß man auch dem nur auf dringendes Bitten und gegen Bezahlung zusprach.

Damals wäre es für Herwegh ein Leichtes gewesen, die Republik auf dem ganzen Wege zu proklamiren, die bestehenden Behörden ab- und neue einzusetzen. Die Bauern hätten schon aus Furcht Alles angenommen, er wollte jedoch bis zur Vereinigung mit den Andern absichtlich den Gebrauch jedes revolutionairen Mittels vermeiden, um ihnen durch die That zu beweisen, daß seine Sache keine Parteisache, und daß er nie etwas Anderes im Sinne gehabt als: *mit* dem Volk, *für* das Volk zu kämpfen und jedes Separatwesen *seinem* Begriff von Freiheit entgegen war. Von Begeisterung für die Republik, war übrigens damals bei den Bauern keine Rede. Sie hätten sie angenommen, wenn man sie ihnen in's Haus gebracht, und gern, so bald sie dabei ihren Vorteil, eine Erleichterung der Abgaben gefunden hätten. Etwas dafür zu wagen – fiel ihnen selbst im Traume nicht ein. Ehe sich der Bauer entschließt, seinen Acker und sein Vieh zu verlassen, muß es ihm, um mit Hecker zu reden, »an die Speckseite« gehen. – Heute ist deshalb schon mehr zu hoffen, denn die 50,000 Mann, welche Dank uns in Baden zusammengezogen worden und ohne den Bauer genügend zu entschädigen, ihm von seinem verschiedenen Rauchfleisch wenig mehr als die Knochen übrig gelassen haben, sind bessere Reformatoren, bessere Revolutionairs gewesen als wir, und ihnen, nicht uns gebührt die Ehre, wenn es heut um Vieles besser steht, alle Klassen, ohne Unterschied, über den *wahren* Zustand ihrer Verhältnisse vollkommen aufgeklärt sind. Wer z. B. Zeuge gewesen, mit welcher raffinirten Grausamkeit die Gefangenen in Freiburg, Kandern und Dossenbach vom Militair behandelt worden sind, oder auch nur den kleinsten Theil dieser Gräuel durch Tradition kennt, dem sind die Augen auf immer geöffnet, der zweifelt nicht länger, daß ein Kampf mit diesen deutschen Cosacken nichts Anderes als ein Kampf um die Existenz, ein Kampf der Civilisation gegen die Barbarei, zwischen der neuen und alten Welt war, und wird wissen, welcher Partei er sich bei einer Wiederholung anzuschließen hat. Das *Leben* ist am Ende doch Jedem lieb. – Gegen 2 Uhr erreichten wir Kandern. Die Nachrichten, welche man uns jedoch hier über den traurigen Ausgang des Gefechts gab, waren, trotz der liebenswürdigen Gastlichkeit einzelner Bewohner, nicht geeignet unsern Marsch zu verzögern. Hecker, so lautete die Aussage der Kanderer, hatte sich, nachdem sein Corps zerstoben, in die Schweiz geflüchtet. Einige Trümmer hatten sich wieder gesammelt und den Weg zu Struve und Siegel nach Todtnau eingeschlagen. Die ganze Umgegend von Kandern war von hessischen, nassauischen und würtembergischen Truppen besetzt, so daß wir die noch beschneiten Gebirgskämme passiren mussten, um uns ungesehen durch die verschiedenen Regimenter durchwinden und glücklich bis Todtnau vordringen zu können. – Erst mit einbrechender Nacht erreichten wir unser Quartier (Vogelbach und Marzell) und obschon die Mannschaft von dem fast 24stündigen Marsch sehr müde war, brachen wir dennoch mit dem ersten Morgenstral wieder auf, um Todtnau wenn irgend möglich noch am nämlichen Tage bei guter Zeit zu erreichen.

Herr v. L., der sein Regiment seit Bansenheim keinen Augenblick verlassen hatte, war durch die übergroße Anstrengung dergestalt am Fuße verwundet worden, daß er sein Commando für die nächsten Tage Herrn C. übertragen musste, der sich mit Bereitwilligkeit und guter Laune dieser Pflicht unterzog. Unfähig zu marschiren, war L. genötigt, auf einem der Bagagewagen Platz zu nehmen, auf dem ich großentheils dem Zuge folgte, und der abwechselnd einem Jeden Asyl bot, der entweder wie Herwegh mit dem militairischen Commando Nichts zu schaffen hatte, oder einer kurzen Ruhe bedürftig war.

Gegen Mittag gelangten wir in Mulden (?), einem kleinen tief im Thal gelegenen Dorfe an. Nach mehrstündiger Rast und fast im Moment, wo wir weiterziehen wollten, hieß es mit einemmal: Zu den Waffen! die Hessen sind da! Im Nu wurden rechts und links Posten ausgestellt, die verschiedenen Bergpfade besetzt und Barrikaden errichtet, Alles um einen Feind den Einzug zu sperren, den Niemand deutlich gesehen hatte. Holzstöße, Karren, unsere Bagagewagen wurden als Wall benutzt, welchen die verschiedenen Bataillons mit unglaublicher Geschicklichkeit und Schnelle aufführten. Beim Anblick dieser kriegerischen Zurüstungen ergriffen sämmtliche Bauerfrauen mit ihrem verschiedentlichen Hausrat und Linnen die Flucht auf's Gebirge, vermutlich aus Furcht, das ihnen lang verheißene »Sengen und Brennen der Räuberbande« werde jetzt anfangen. Mit der Bestürzung der Bauern, wuchs der Uebermut unserer jungen Schaar. Die Patronen hatten den Meisten längst so in den Taschen gebrannt, daß sie gewiß die Hälfte davon unterwegs in lauter Freudenschüssen verknallt hatten und sich damit trösteten, im Haubtquartier bei Siegel dreifachen Ersatz zu finden. Endlich hatten sie nun Aussicht auch noch den letzten Rest los zu werden. Die Barrikaden standen ganz stolz und Alles war zum Angriff bereit. Da erscholl der Befehl: Barrikaden nieder! kein Hesse ist zu sehen! – Den Unmut und die Langsamkeit zu beschreiben, mit denen diese Ordre im Vergleich zu der früheren ausgeführt wurde, vermag ich nicht; sie gebrauchten wenigstens das Dreifache an Zeit und hätten dort übernachtet, wäre nicht das Signal zum Abmarsch gegeben worden. Hätten sie damals gewußt, was wir erst später erfuhren, daß allerdings einige Hundert Hessen auf der Höhe standen, sich aber beim Anblick der Legion in den Wald zurückgezogen hatten, keine Macht hätte sie von der Stelle gebracht.

Todtnau noch am selben Abend zu erreichen, war nach diesem langen Intermezzo unmöglich, und wir schlugen deshalb unser Zelt möglichst nahe daran und hoch oben im Schwarzwald, in dem armen, einsamen Dorfe *Wieden* auf. Trotz des besten Willens der Bewohner, war ihnen kaum möglich, uns das Notwendige zu geben. Speck und Schwarzbrot sind fast die einzige Nahrung dieser armen Leute und das war kaum genug, den ersten Hunger zu stillen.

Nun, die Nacht ist bald vorüber, und morgen früh sind wir am Ziel, bei unsern Freunden. Mit dieser Aussicht beschwichtigte jeder sich und seinen nur halb gefüllten Magen. Herrlicher Trost! keine Stunde verging, als auch er auf die trübseligste Art zu Wasser wurde. Durch Mißverständnisse aller Art und Verzögerung von Depeschen, hatten die beiden Corps von Siegel und Struve, statt unsere Ankunft in Todtnau abzuwarten und *dann* erst vor Freiburg zu ziehen, am vorhergehenden Tage den Angriff ohne uns gemacht, und eine materielle Niederlage erlitten. Sämmtliche Waffen waren in die Hände der Soldaten gefallen, die 3,000 Mann unter Siegels Commando bis auf 30 zusammengeschmolzen und alle Uebrigen entweder gefangen, oder in die vier Winde zerstoben, um sich, wenn's Glück ihnen geneigt, in der Schweiz wieder zu vereinigen.

Diese Trauerpost, welche unsern ganzen bisherigen Plan, all unsere frohen Hoffnungen mit einem Schlage vernichtete, erhielt Herwegh durch den Cassirer von Siegel, der gekommen war, ihm mit dieser Botschaft die Reste der Kriegskasse zu bringen.

Wenn die Sachen so stehen, sagte Herwegh, bleibt auch *uns* mit unserer kleinen schlechtbewaffneten Armee nichts übrig, als an einen möglichst schnellen und ehrenvollen *Rückzug in die Schweiz zu denken, um uns dort auf neutralem Gebiet mit den Trümmern der andern Corps zu vereinen,* und in einem günstigern Moment die Grenze gemeinsam zu überschreiten.

Es handelte sich jetzt nur darum, sich über den Punkt zu vereinigen, der zum schnellen Uebergang der geeignetste und nächste für uns war, und nach genauer Consultation der Karte, fiel die einstimmige Wahl sämmtlicher Chefs auf Rheinfelden.

Von einem Gefecht war, bei unsern schwachen Kräften, Nichts zu erwarten und es à tout prix zu vermeiden, unsere *alleinige* Aufgabe. Hier zu bedurft es jedoch einer äußerst geschickten Führung, wenn man bedenkt, daß unser kleines Corps von etwa 675 Mann abgeschnitten von allen Andern, sich jetzt ungesehen den Weg durch eine Armee von 55,000 Mann bahnen musste, die aus hessischen, nassauischen, württembergischen und badischen Truppen zusammengesetzt und in der ganzen Gegend verteilt war, die Cavallerie nicht zu vergessen, welche die Thäler besetzt hielt. – Es blieb uns keine Wahl, als nach sehr kurzer Rast, noch ehe es tagte, aufzubrechen und uns immer die höchsten Gebirgspfade entlang zu ziehen, wobei wir oft bis über die Knöchel durch Schnee und Eisfelder waten mussten. Ich sage *wir*, weil auch ich an jenem Tage genötigt war, meinen kleinen Bretterwagen zu verlassen und den größten Theil des Weges zu Fuß oder auf einem ungesattelten Bauernpferde zurückzulegen. Herr von Löwenfels, der wegen seines kranken Fußes selbst das Reiten nicht ertragen konnte und nicht zurückbleiben wollte, wurde über die Berge getragen. Herwegh marschirte mit der Legion.

Endlich, nach 18stündigem Marsch, kamen wir halb todt vor Hunger und Müdigkeit (denn auf dem ganzen Weg hatten wir kaum hie und da ein Stück trocken Brot bekommen), am Abend des 26ten in Zell an, in der Hoffnung hier übernachten zu können, aber auch das sollte uns nicht werden. 1 $^1/_2$ Stunden von Zell, in Schopfheim standen 1500 Mann Infanterie mit 6 Geschützen und 200 Cavallerie zu unserm Empfang bereit, die sich auf ein Zeichen binnen wenigen Stunden um das 10–20fache vermehren konnten, so, daß ein anhaltender Kampf mit ihnen für uns unmöglich und jedenfalls fruchtlos war.

Kaum sahen uns die Bürger von Zell, die von der nahen Anwesenheit und den feindlichen Intentionen der Soldaten sehr wohl unterrichtet waren einrücken, als sich in der Haubtstraße Thür und Läden eilig schlossen, und nicht lange, so trat auch der Bürgermeister zu Herwegh heran und beschwor ihn mit Thränen in den Augen, seine Stadt zu verschonen. Wer den überaus friedlichen Charakter der guten Schwarzwälder und die Lage von Zell kennt, findet den besten Schlüssel zu dem allgemeinen Entsetzen der Bewohner, und zu dieser Demonstration der das komische Element freilich nicht fehlte. Tief im Thal gelegen, und rings von hohen, waldigen Bergen eingeschlossen bot die Stadt dem Feinde alle erdenklichen Vortheile. Er brauchte nur die Höhen zu besetzen, um von dort, ohne den Verlust eines Mannes den ganzen Ort in einen Aschenhaufen zu verwandeln. Mit Hülfe von Barrikaden, hätten wir uns vielleicht einige Stunden, oder gar einen Tag gegen einen Thalangriff vertheidigen können, später jedoch unfehlbar unterliegen müssen, – und ein fruchtloser Kampf war wenigstens für Herwegh, dem es weder auf einen unsinnigen coup de main noch auf ein militairisches Bravourstück ankam, nicht verlockend genug ihm zu Lieb', das Leben so vieler guten Menschen leichtsinnig zu opfern, und den gewaltigen Ernst der politischen Bedeutung der Expedition darüber zu vergessen. Er wußte, daß, obschon *er Nichts mit dem Commando zu thun hatte*, obschon manche uns'rer Herrn Offiziere von der *ausschließlichen* Wichtigkeit *ihrer* Mission durchdrungen, seit dem Tage des Abmarsches geneigt schienen, die ganze Sache zu einer *rein militairischen* machen zu wollen, bei welcher der *politische* Führer nur von nomineller Bedeutung, daß bei einem unglücklichen Ausgang die ganze Verantwortlichkeit dennoch *auf ihn und nur auf ihn* fallen würde.

Deshalb setzte er in diesem entscheidenden Moment alle Nebenrücksichten hinten an, und erklärte den milit. Chefs, daß er selbst, im Fall ihrer Mißbilligung darauf bestehen werde, daß die Legion, trotz der großen Ermattung noch in selbiger Nacht aufbreche, bis auf Schweizer Gebiet marschiere, und nicht etwa dem lächerlichen Ehrgeize dieses oder jenes Feldherrn geopfert werde. Der Verrat der Bauern, der heimtückische Ueberfall der Soldaten und manche andere Ueberraschung, für deren Mittheilung ich im Verlauf der Erzählung schon den geeigneten Platz finden werde, waren Dinge, die Herwegh ebenso wenig als irgend ein And'rer voraussehen konnte, und für die Niemand als die Verräter selbst verantwortlich gemacht werden können. Herr von Bornstedt war Herweghs Meinung, der General und Chef des Stabs ebenfalls, nur mit dem Unterschied, daß diese beiden den bequemen (Thalweg) dicht an den Soldaten vorbei, und jene der Sicherheit wegen lieber den beschwerlichen aber kürzeren Gebirgspfad einschlagen wollten.

Der Einzige, welcher sich wegen der übergroßen Erschöpfung der Mannschaft entschieden *gegen beide* Vorschläge erklärte, war Herr von Löwenfels. Bei dem größten Theil der Mannschaft hatte sich das Bedürfniß nach Ruhe allerdings bis zur wahren Leidenschaft gesteigert. Sie wollten schlafen, Nichts als schlafen. Alles And're war ihnen im Moment vollkommen einerlei. Denn, kaum in Zell angekommen, hatten sie auch schon den Weg nach Schopfheim durch eine barricade monstre versperrt, die ihnen als hohe Lagerstätte dienen sollte, und von solcher Höhe und Härte aufgeführt war, daß wir gezwungen wurden sie bei unserm Nachtmarsch zu umgehen, um nicht durch das Niederreißen derselben uns're kostbarsten Stunden zu verlieren. Zu diesem Wall hatte Alles dienen müssen, was nur irgend beweglich und in der Nähe war, ohne Vorurtheil für dies oder jenes Material, – und so geschah es denn auch, daß sie, um die letzte Lücke zu füllen einen jungen Schäfer sammt seinem Karren, auf dem er schlafend lag, sorglos mitten hineingeschoben hatten.

Ich bin überzeugt, sagte Herr von L., daß kein Einziger marschieren wird, wenn *wir* es auch wollten. Sie sind *zu* müde, und was haben wir davon, wenn morgen die Hälfte krank liegt?

Kann das noch in Erwägung kommen, entgegnete Herwegh heftig. Und wenn kein Einziger gesund bleibt, und sogar Einige unterwegs sterben, so ist dies kein Grund, lieber das Leben Aller nutzlos auf's Spiel zu setzen. Dazu werd' ich nie meine Zustimmung geben. Es ist Keiner unter uns, der nicht bereit wäre, Alles für Alles zu wagen, aber nicht Alles für Nichts in die Schanze zu schlagen. Wenn der Einzelne à tout prix sterben will, so ist das eine Privatliebhaberei wie eine and're, und er mag über seine Person nach Belieben verfügen, aber mit dem Leben vieler hundert Menschen auf dieselbe Art verfahren wollen, hieße einen offenbaren Mord begehen, den ich nicht nur nicht auf mich nehmen, sondern gegen den ich mit aller Energie protestiren werde, obschon es mir eben so schwer wird, wie irgend Einem, in die traurige Nothwendigkeit versetzt zu sein, die Unsern um die Ruh zu bringen, deren sie und wir Alle so sehr bedürftig sind.

Während so noch hin und her diskutirt wurde, über einen Gegenstand, der meinem Verständniß nach außer aller Diskussion lag, sprang ich, der der Boden vor Ungeduld längst unter den Füßen brannte, ohne ein Wort zu sagen, die Treppe hinab auf die Straße, wo die verschiedenen Bataillons noch aufgestellt standen. Der Regimentsarzt Dr. R. folgte mir. Man trug so eben Wein und Brod herbei, das Einzige, was in der Eile vorräthig und freilich nicht genügend war, die leeren Magen zu füllen. Ich trat zu ihnen heran, sagte Jedem, wie die Sachen stünden, worüber das Comité eben berate, und bat sie endlich, mir, die auf eig'nen Antrieb zu ihnen getreten, *offen* zu sagen, ob sie vorzögen, unter diesen Aussichten in Zell Quartier zu machen, oder noch diese Nacht weiter zu ziehen. Bis Rheinfelden sind's drei volle Stunden, und der Weg dorthin ist sehr beschwerlich. Sie müssen sich jetzt fragen, ob Ihre Kräfte noch so weit ausreichen und sie noch so viel moralischen Mut haben, die Müdigkeit bis dahin zu überwinden, oder nicht. Ich gehe gern zu Fuß mit, denn Einmal auf schweizer Boden werden wir uns so lange ausruhen, und so Viel essen, als ein jeder Lust hat. Da war aber auch kein Einziger, der mir nicht geantwortet hätte:

Wir gehen und *gleich*, wenn's sein muß.

So viel ich gehört, sagt' ich erfreut, hat's damit noch ein paar Stunden Zeit. Sorgen Sie Alle, daß Sie wenigstens *unterdessen* etwas Fleisch bekommen, was den einzelnen Bataillons-Chefs auch noch besonders von mir und dem Arzt anempfohlen wurde, und so kehrte ich zum Comité zurück. Sie wollen *Alle* gehen, rief ich den Herren zu, ich hab' sie gefragt, und Keiner will zurück bleiben. Desto besser, Frau Herwegh, die Sache ist übrigens schon erledigt, und um Mitternacht wird abmarschirt; aber der Einzige, der zu meiner Nachricht ungläubig den Kopf schüttelte, war Herr v. L. Er schien diese allgemeine Zustimmung lediglich für einen Akt der Galanterie zu halten, oder für einen tour de force um nicht in den Verdacht zu kommen, einer Frau an Mut nachzustehen. Möglich, daß dies bei einigen der Hebel war, aber war das ein Unglück, wann man sie auf diese Weise retten konnte? Herr von L. mußte wegen seines kranken Fußes in Zell bleiben. Ungern ließen wir ihn dort zurück, aber es blieb keine Wahl. Gehen konnte er nicht, und unser Weg war zu steil, um ihn auf eine and're Art passiren zu können. Mehrere erboten sich ihn hinüber zu tragen, er hingegen lehnte dies Anerbieten entschieden ab, um unsern Zug nicht aufzuhalten und so setzten wir uns gegen 11 Uhr in Bewegung. – Sternenloser hatt' ich den Himmel nie gesehen, er hing wie eine schwarze dichte Masse finster über uns, die dem kleinsten Lichtstrahl den Durchblick wehrte. Mit vieler Mühe erreichten wir das Stadtthor, denn man konnte kaum seinen Vordermann, geschweige die Führer erkennen, welche uns den nächsten Weg über's Gebirg zeigen sollten, und schnell voran liefen. Wir baten um Laternen, fanden aber kein Gehör, bis sich endlich zwei alte, häßliche Frauen halb durch unsere Bitten, mehr noch durch Drohungen bewegen ließen, uns etliche Laternen langsam herbei zu schleppen. – Lichter die sich im Thal wie große Flammen ausnahmen, diese wurden unsere Verräter! (Wie konnten wir auch nur vergessen, daß man weder von Pfaffen, noch von alten Weibern etwas annehmen soll?) sie entdeckten dem Feind uns're Flucht, und bezeichneten ihm genau die Richtung, welche wir einschlugen – Um den Würtenberger Soldaten sicher auf die Spur zu helfen, warfen uns're Führer, welche mit ihnen unter einer Decke steckten, zur genauern Bezeichnung uns'res ganzen Marsches Kieselsteine hinter sich und führten uns um dem Feind den Vorsprung möglich zu machen, statt den direkten Weg, der nur drei Stunden von Rheinfelden entfernt, so geschickt neun volle Stunden kreuz und queer, daß wir statt und 2 Uhr Morgens erst um 10 Uhr Vormittags in Dossenbach ankamen, einem kleinen Dorf, 3/4 Stunden diesseits des Rheines gelegen.

Der Leser wird die Folgen eines solchen Marsches nach einem anstrengenden Tage, wie der letzte, leicht begreifen. Man denke sich zehn volle Stunden, bald über steile Felsspitzen, bald durch Bäche, die den Weg kreuzten, bald wieder bis an die Knöchel durch Schnee und Eis. Es war entsetzlich und die Erschöpfung bei einigen so groß, daß sie mitten im Wasser oder auf Steinen liegen blieben, um nur auf Sekunden auszuruhn. Um 10 Uhr Morgens, wie ich bereits bemerkt, – erreichten wir Niederdossenbach. Hier lauerte ein neuer Verrat auf uns, und diesmal in Speck und Schinken, den die Bauern mit überraschender Zuvorkommenheit uns noch eh' wir ihn verlangt, in großen Körben entgegentrugen. Herwegh ahnte das Unheil, und beschwor die Mannschaft, den Hunger nur noch auf Augenblicke zu überwinden. Mit Speck fängt man Mäuse, rief er ihnen zu, nehmt, ich bitte Euch, den Vorrat mit in den Wald hinauf. Man stellt uns eine Falle! aber da war alles Reden umsonst. Endlich, nachdem der Hunger wenigstens zum Theil gestillt war, konnte es Herwegh nicht länger ruhig mit anseh'n, und ohne weiter die Genehmigung des Generals, oder des militairischen Commando's abzuwarten, ließ er auf eig'ne Faust Generalmarsch schlagen, und marschirte mit vorwärts. Ich folgte auf einem *Leiterwagen*, den man gegen Morgen herbeigeschafft, dem Zuge nach.

Obwol sich nirgend ein Soldat hatte blicken lassen, und wir der Grenze so nah' waren, hatten doch Alle das bestimmte Gefühl, wie vor einem Kampf. Deshalb gab auch Corvin den Befehl, den Wagen auf dem ich saß, (denn wir hatten zwei acquirirt) voran fahren, und nicht wie bisher, zwischen dem gros und der arrière-Garde folgen zu lassen. »Der Feind kann uns nur im Rücken angreifen, darum fahrt schnell vorwärts.« Diesem richtigen Instinkt allein dankt' ich's, daß ich nicht wenige Minuten später in die Hände der Soldaten fiel, denn der and're Bagagewagen welcher zurückgeblieben, war das Erste was sie erbeuteten.

Grade oberhalb von Dossenbach liegt ein schöner Laubwald, den wir passiren mussten. Wir stiegen den Pfad hinan, aber je mehr wir uns dem Gehölz näherten, desto stiller wurde die Mannschaft. Es lag wie ein Gewitter auf Allen, und ich erinnere mich, daß ein junger Mann, kurz vor dem Gefecht, an meinen Wagen trat und mir halblaut zuflüsterte: »Frau Herwegh, ich glaube wir können heut der deutschen Republik ein Requiem singen?« Den Eingang des Waldes bildet ein großer, freier Platz, auf diesem hatten sich die verschiedenen Corps zum Frühstück gelagert, und etwa 40 Schritt davon in einem schmalen Seitenweg ließ ich meinen Wagen halten. – Plötzlich wird, ohne irgend einen Versuch zu parlamentiren, wie dies bisher den andern Freicorps gegenüber nie versäumt worden war, und worauf Herwegh in diesem Falle sicher eingegangen wäre, weil ihm bei der schlechten, mangelhaften Bewaffnung, und gänzlichen Erschöpfung der Mannschaft *Alles* daran gelegen sein musste, ein *isolirtes Gefecht zu vermeiden** – auf uns're Vorposten geschossen. Im selben Moment springt auch schon ein Bote athemlos zu Herwegh, der in der Nähe meines Wagens stand, um ihm zu melden, daß der Offizier uns'res ersten Vorpostens, Muschake, bereits tödlich verwundet ist. Bei dieser Nachricht erhebt sich die ganze Legion wie ein Mann. Wer denkt an Hunger, wer an Schlaf! wie rasend schlägt unser Tambour (ein Franzose) den Wirbel, und mit dem einstimmigen Schrei: Aux armes! aux armes! stürzen Alle zum Wald hinaus, dem Feind *entgegen*, der am Abhang des Hügels hinter Steinhaufen verschanzt lag. (Es war die erste Compagnie des 6ten Württembergischen Regiments, welche unter der Führung des Capitain Lipp, diesen heimtückischen Ausfall gemacht hatte, – dieselbe, welche vor Kurzem Hecker ein Lebehoch gebracht – und der eine halbe Compagnie Infanterie, eine große Anzahl Uhlanen und Artillerie zur Verstärkung auf dem Fuße folgte.)

Von irgend einem militairischen Commando war in diesem Augenblick, dem *einzigen*, während des ganzen Zuges, wo es unentbehrlich gewesen wäre, *keine Rede*. Der General hatte den Kopf verloren, und sah aus der Ferne gelassen mit an, daß die

---

* *Man bedenke, daß von 650 Mann, denn die Uebrigen waren in Zell, oder auf dem Nachtmarsch zurückgeblieben, nur 250 Büchsen hatten, von denen jedoch nur die Hälfte zu gebrauchen war, die Andern hingegen nur knallten. Daß jeder Mann höchstens 4 Patronen besaß, von denen noch ein großer Theil durch den Regen untauglich geworden, die Soldaten hingegen sämmtlich Spezialgewehre und 50 bis 60 Patronen hatten. Daß 150 der Unsrigen als einzige Waffe Sensen oder Picken, und die Uebrigen gar nur Säbel oder Pistolen besaßen.*

Unsern sich dem Feind in die Arme warfen, statt ihn in den Wald zu locken, wo das Ganze auf ein Tirailleurgefecht hinausgelaufen wäre, in dem wir durch die bessere Stellung begünstigt, *alle Vorteile* gehabt hätten. Auf diese Weise hingegen entspann sich kein geregelter Kampf, sondern ein *großes Duell*.

Die Sensenmänner, angeführt von Reinhardt Schimmelpenning, einem wackeren jungen Offizier, gingen zuerst in's Feuer und schlugen sich mit beispiellosem Mut. Beim Anblick der Sensen, wichen die würtembergischen Söldlinge entsetzt zurück. Schimmelpenning verfolgt sie mit seinem Bataillon fast bis in's Thal – eine Kugel trifft ihm den Leib – dennoch rafft er sich auf, streckt zwei Soldaten nieder, haut dem Capitain Lipp vier Finger der rechten Hand durch und stürzt, nachdem er sich wie ein Löwe verteidigt, von mehreren Bajonettstichen getroffen entseelt zu Boden.

Mit dem Verlust des Führers steigert sich der Mut jedes Einzelnen aus seiner Mannschaft bis zur Verzweiflung. Sie wollen den geliebten Todten würdig rächen und stürzen immer weiter den Hügel hinab, dem Feind nach. Schon fliehen die Soldaten. Da heißt's: Sensenmänner zurück, 1tes und 2tes Schützenbataillon voran. Kaum hört Herwegh diesen Befehl, als er ohne einen Augenblick zu verlieren, alles was nur an Pulver und Kugeln vorhanden, vom Bagagewagen abpacken und den Kämpfenden zutragen läßt.

Bornstedt seinerseits, stellt sich, als er beide Bataillons ohne Chefs sieht, selbst an ihre Spitze und führt sie in's Feuer. Der Kampf wird von Sekunde zu Sekunde erbitterter, der Tambour schlägt immer wilder die Trommel, die Republikaner zielen meisterhaft, aber was hilfts – bald ist die letzte Patrone verschossen. Einige Schützen, welche nicht wissen, daß ihnen Herwegh bereits aus freiem Antrieb sämmtlichen Vorrat zugesandt hat, verlassen die Reihen, um sich selbst ihre Munition zu holen. Dies Entfernen, nehmen die Uebrigen für ein Signal zum allgemeinen Aufbruch und folgen nach, so löst sich das ganze Gefecht *eben* so grundlos als es überhaupt angefangen, indem sich beide Theile zurückziehen. Die Unsern mit Verlust von 8, die Württemberger (nach der vertrauten Mitteilung des badischen Untersuchungsrichters an einen unserer Gefangenen), mit dem von 40 Todten.

Ob und wie viel aus der Legion später auf der Flucht von Feindeskugeln getroffen sind, – weiß ich nicht; habe aber bis heute noch keinen einzigen Todesfall constatiren hören.

Jetzt, nachdem Alles vorüber, springt Delaporte mit einem Theil seines Bataillons auf Herwegh zu, beschwört ihn, sich schleunigst zu retten, da die Württemberger schon von allen Seiten nach ihm spähen, und einen Preis von 4,000 fl. auf seinen Kopf gesetzt haben. Zu gleicher Zeit eilen auch noch Andere herbei, uns ihre Bedeckung anzubieten. Nur mit größter Mühe gelingt es Herwegh, sie zurückzuhalten. Er weiß, daß Jeder der sich uns anschließt, der Gefahr doppelt ausgesetzt ist und lehnt deshalb dankend, aber entschieden jedes Geleit ab.

Denkt an *Euch*, lieben Freunde, und lasst uns allein. Glückt unsere Rettung, so findet Ihr mich in Rheinfelden wieder. Mit diesen Worten drückt er ihnen die Hand, und sagt ihnen Lebewohl.

Dieser Ausdruck wahrer, ungeheuchelter Sympathie für Herwegh hatte mich in diesem Moment wirklicher Gefahr um so freudiger überrascht, um so tiefer ergriffen, weil er eben ein ganz spontaner war, frei wie derjenige, dem er galt. Herwegh hatte bei Allem was er gethan, nie einen *persönlichen Zweck*, nie etwas Anderes, als das eine, große Ziel: *die Freiheit Aller* vor Augen gehabt, und diesem sich zu nähern, sorglos seinen Weg verfolgt, unbekümmert um das Lob oder den Tadel, der ihn treffen könnte. Er hatte um die Gunst der demokratischen Legion eben so wenig, als um irgend eine and're gebuhlt – und durfte die Liebe, die man ihm zollte, als ein *freies* Geschenk hinnehmen, das dem Geber eben so zur Ehre gereicht, als dem, der es empfing.

Nach beendigtem Kampf fing die Jagd an, – Herwegh war das Hochwild, auf das man den Preis gesetzt, und wir ahnten damals weder die Gefahr in der wir uns wenige Minuten nach der Flucht befanden, noch die Nähe des Freundes, dem allein wir unsre Rettung zu danken hatten. Dieser treue Beschützer war Delaporte, besorgt um Herwegh, hatte er uns keinen Augenblick aus den Augen verloren, und war uns, ohne daß wir es ahnten, mit 35 Mann Bedeckung aus seinem Bataillon in einiger Entfernung gefolgt.

Während wir uns Thalwärts durch Büsche und Gestrüpp mühsam den Weg bahnen, hört er plötzlich daß ein württembergischer Offizier zweien Soldaten zuruft: »Holt mir doch die beiden fein gekleideten Herrn herauf,« aber im selben Moment ist auch schon Delaporte mit den Seinen an uns'rer Seite. Um's Himmels Willen, eilen Sie sich, und gehn

Sie immer grad' aus über das Gebirg, so weit sie nur kommen können, aber schnell! – das war das Einzige was er uns sagte.

Als der schwäbische Feldherr mit seinen Soldaten anrückte, bekam er mit Delaporte und den Seinen so viel zu schaffen, daß ihm der Hauptfang darüber entging, und wir die nöthige Zeit gewannen, uns zu retten. – So liefen wir während mehrerer Stunden bergauf, bergab fortwährend verfolgt, bis wir endlich das kleine Dorf K. erreichten, das $^3/_4$ Stunden von Rheinfelden gelegen. – Viele der Unsern hatten dieselbe Richtung eingeschlagen wie wir, und kamen mit uns zugleich in K. an. Auf diejenigen, welche man nicht mit der Hand erreichen konnte, hatte man fortwährend abgefeuert, es war eben die vollständige Hetzjagd. Wir klopfen an die erste Bauernhütte, und flehen um ein Asyl, sei es auch noch so schlecht. Wenn Ihr ein Schälchen Café wollt, war die Antwort, das können wir Euch geben, denn Ihr seid gewiß durstig, aber beherbergen können wir Euch nicht, Ihr müßt halt ins Saatfeld gehen.

Schöner Trost! Während wir wol eine halbe Stunde mitten im Korn versteckt liegen, sprengt ein Escadron Uhlanen nach dem andern, immer dicht am Acker vorbei, um Herwegh ausfindig zu machen. »Wenn wir *ihn* finden, soll's ihm schlecht gehen, an dem andern Lumpenpack ist uns nichts gelegen,« so fluchten diese rohen Schwaben vor sich hin. Nach einer Weile wird es still. Ich hebe den Kopf aus dem Korn, um die nächste Umgebung zu recognosciren, und um zu sehen, ob wir ohne Gefahr weiter wandern können, – aber vor uns lag Nichts als eine weite, heiße Ebne, so recht behaglich, und von allen Seiten von der Sonne beschienen, und eh' wir die passirt und das ferne Gebirg erreicht hatten, konnten wir tausendmal in die Hände uns'rer Feinde fallen. Wagen wir's dennoch, rief ich endlich Herwegh, sicher sind wir ja hier eben so wenig als irgendwo, und so weit ich sehn kann, ist nirgend ein Soldat.

Eben als wir das Feld verließen, sprang ein Bauer auf uns zu. Im ersten Augenblick glaubten wir uns verraten, aber er kam uns freundlich näher, und bot uns ein Obdach in seinem Hause an. Wir folgten ihm so schnell, als nur irgend möglich, aber mich trugen meine Füße kaum, und als wir seine Wohnung erreicht, sanken mir fast die Kniee zusammen. Sein Weib und seine Tochter empfingen uns schon auf der Schwelle, und Jedes sann nach, wie uns am besten zu helfen wäre. Folgt mir auf den Boden, sagte endlich der Bauer, – dessen Namen ich verschweige, um ihn als Dank für diesen unvergeßlichen Dienst, nicht der Gefahr preis zu geben – und wechselt schnell Eure Kleider, und wenn das geschehen, schicke ich Euch Beide in's Feld arbeiten, bis der Abend kommt und bessern Rat schafft. Der Mann holte für Herwegh, die Frau für mich alte Bauerkleider, und so wollten wir grade die unsern abstreifen, als wir aus der Ferne Pferdegetrappel hörten. Das sind die Würtemberger, schrie unser Wirt, wenn die Euch hier finden, sind wir Alle verloren. Bleibt indeß ruhig hier, ich will hinuntersteigen, und wenn Ihr mich mit vielem Lärme die Treppe herauf kommen, und an der Bodenthür schließen hört, so nehmt es als Zeichen, daß sie mir folgen, und sucht Euch schnell hinter die Fässer, oder sonst wo zu verbergen.

Die Uhlanen sprangen heran, umzingelten das Haus und riefen dem Bauer, der sie auf der Schwelle der Wohnung empfing, zu: »Wenn Ihr den Herwegh und sein verfluchtes Weib daß ihm in Manneskleidern folgt, bei Euch versteckt, und wir finden sie, so werden sie auf der Stelle massakrirt, und Euch zünden wir das Haus über dem Kopfe an.«

Eine herrliche Aussicht für uns, die wir jedes Wort hörten. Geräuschlos und schnell suchen wir uns hinter einigen Fässern, die in einem finstern Winkel aufgethürmt lagen, zu verschanzen, da zerbricht Herwegh im kritischen Moment, wo nur die lautloseste Stille uns Sicherheit bieten konnte, mit fürchterlichem Lärmen den Boden eines kleinen Fasses das vorgeschoben lag, und er übersehn hatte, und wir geraten Beide trotz der verzweifelten Lage, in solches Lachen, daß ich noch heut nicht begreife, wie uns das nicht den Hals gekostet. (Ich empfehle diese Scene den fliegenden Blättern!)

Jetzt fing das Examen an, aber unser Bauer läugnet standhaft, und protestirt so energisch gegen den Verdacht, als werde er sich dazu hergeben Rebellen zu retten, daß die Soldaten gläubig weiter reiten, und ihm nur noch zurufen: Wir kommen bald zurück, werden uns dann einquartiren, und Haussuchung bei Euch halten. Durch diesen Aufschub gewannen wir die nöthige Zeit zu uns'rer Rettung. Herwegh ließ sich, um ganz unkenntlich zu werden, den Bart scheeren, und zog alte Bauernkleider an, ich fuhr ebenfalls in ein Paar abgetrag'ne, zerrissene Lumpen hinein, und so erreichten wir – Jeder eine Mistgabel auf der Schulter – glücklich das Feld.

Drei volle Stunden arbeiteten wir dort, – Herwegh am einen, ich am andern Ende des Ackers. – Während dessen nahm das Schießen im fernen Wald kein Ende. Es galt den Fliehenden, die statt sich in großer Anzahl, und bewaffnet zu retten, in kleinen Rotten, zu zweien, dreien flüchteten, sich stundenlang unter dem Laub versteckt hielten, dann wieder plötzlich von den Soldaten aufgescheucht, weiter gehetzt wurden. – Uns war's, als solle uns das Herz zerspringen, und doch war uns're Lage nicht besser, nicht sich'rer als die der Andern. Bei jedem Büchsenschuß fuhren wir auf, und sahen uns schweigend an. – Sprechen durften wir nicht miteinander, um bei den Bauersleuten der benachbarten Aecker nicht Verdacht zu erregen, oder die Augen der Cavallerie auf uns zu zieh'n, die während des ganzen Nachmittags immer durch die Felder, und dicht an uns vorbei sprengte, um wie der würtemberg. General B... später einem uns'rer gefangnen Freunde sagte: »die verfluchte Bestie, den Herwegh aufzufinden.« *Die* Freude sollte ihnen aber nicht werden. Nach Sonnenuntergang als die Bauern heimzogen, und es still um uns her wurde, trug uns unser guter Wirt Wein und Brod auf's Feld, hieß uns die Haubtstraße nach Rheinfelden zu langsam ihm folgen, die er mit einem leeren Wagen mit zwei Ochsen bespannt schnell voranfuhr.

Kaum hatten wir die Schwelle seines Hauses verlassen, als die verheißene Einquartirung wirklich angerückt war. Mit Entsetzen erzählte uns der Bauer, wie die Würtemberger nicht den kleinsten Winkel undurchsucht gelassen, und selbst jedes Faß mit ihren Bajonetten durchstochen hätten. Was wär' aus

Euch geworden, und aus uns, fügte er hinzu, wenn Sie Euch dort gefunden? Darauf verließ er uns, und eine halbe Stunde später kam er uns mit seinem Wagen, und in Begleitung eines andern Mannes (den ich ebenfalls nicht nennen will) entgegen, der uns an dem Würtembergischen Posten auf der Rheinfelderbrücke vorbei führen sollte. Hätte man uns dort angehalten, so würde er uns für seine Taglöhner ausgegeben haben. Aber die Schwaben merkten Nichts, obschon wir ihnen mit unsern Heugabeln dicht an der Nase vorbeizogen, und so erreichten wir glücklich das Schweizergebiet, auf dem eine große Anzahl der Unsern schon viele Stunden vor uns ein sich'res Asyl gefunden hatten.

Mehrere waren bei Hüningen, andere auf Schiffen herübergekommen, wobei sich die würtembergischen Soldaten noch nichtswürdig genug benommen hatten. Als das letzte Boot nämlich mit etwa zwölf Flüchtlingen das freie Ufer glücklich erreicht hatten, und die Mannschaft schon ausgestiegen war, entdeckten die Soldaten die ihnen entgangene Beute. Und was thaten sie? Nach ächter Heldenart drückten sie, noch eh' eine Sekunde verstrich, ihre scharfgeladenen Büchsen auf die *unbewaffnete* Schaar ab, und ruhten nicht eher, bis wenigstens Einer getroffen zu Boden sank. Glücklicherweise hatte die Kugel ihm nur den Schenkel gestreift, so daß er nach einigen Wochen wieder geheilt war. Wie steigerte sich ihre Wut als sie wenige Tage später unsern Aufenthalt ausgekundschaftet hatten, erfahren mussten, daß ihnen der kostbarste Fang (denn 4,000 Fl. sind für einen schwäbischen Soldaten eine Welt) so unwiderbringlich entgangen war. Um kein Mittel unversucht zu lassen, schickten sie einen der Offiziere nach Rheinfelden ab, um durch Bestechung zu erlangen, was ihrem Verstand nicht geglückt war, – aber unser Wirt war ein guter Schweizer, der sich trotz der 2,000 Fl. die man ihm bot, wenn er sich dazu verstehen wollte, Herwegh und seine Frau bei Nacht hinüberschaffen zu helfen – zu keinem Schurkenstreich gebrauchen ließ. Mit Entrüstung wies er das Anerbieten des Offiziers zurück, und dem Herrn selbst die Thür, der ihm im Fortgehen noch zurief: Hätten wir Herwegh gefangen, so wäre er ohne Verhör füsilirt worden, und die Frau zeitlebens an Ketten gekommen!!!

Ich will mich hier aller weitern Betrachtungen enthalten, aber wissen möchte ich wol, Wer besagtem Offizier diese außerordentliche Vollmacht erteilt! Uebrigens wiederholten sich dergleichen Vorschläge, Herwegh gegen irgend eine bald größere, bald kleinere Summe auszuliefern, während der letzten Tage unseres Aufenthalts so häufig, daß unser Wirt selbst ängstlich uns vielleicht nicht genügende Sicherheit bieten zu können, Herwegh riet, diesen Ort zu verlassen, an den uns ohnehin Nichts mehr fesselte.

Für die Flüchtlinge war nach Kräften gesorgt, – an ein gemeinsames Wirken im Moment war nicht zu denken, und so kehrten wir nach Frankreich zurück. –

Möchte dies Exil kein langes sein!

***

Hiermit schließe ich meinen Bericht.

Der Leser mag entschuldigen, wenn ich seine Aufmerksamkeit und Geduld so lange in Anspruch genommen habe. Ich durfte jedoch keine, selbst die scheinbar geringfügigste Einzelnheit übergehen, ohne mich nicht zugleich von dem Ziel zu entfernen, das ich mir, wie ich dies bereits im Vorwort ausgesprochen – gesteckt hatte: das größere Publikum über die wahren Intentionen der deutschen, demokratischen Legion zu unterrichten, und den Verläumdungen, zu deren Haubtzielscheibe sich deutsche *Patrioten* Herwegh ausersehen, durch die ungeschminkte Wahrheit die einzig würdige, einzig vernichtende Waffe entgegenzusetzen. Für seine Freunde, für Alle, die ihn nur Einmal *recht* erkannt, – bedurfte es keiner Ehrenerklärung, keines schriftlichen Dokuments. – Sein ganzes früheres Leben war ihnen der schlagendste Beweis, für die Niederträchtigkeit seiner Ankläger, obschon ich es nicht verhehle, daß es mir ihrer selbst wegen lieb gewesen wäre, wenn Einer oder der Andere sich berufen gefühlt hätte, laut auszusprechen, wovon er innerlich – ich weiß es – unerschütterlich überzeugt geblieben. Für die *sogenannten* Freunde, zu denen ich alle diejenigen rechne, die, wenn auch leicht zu überreden, Herwegh dennoch lieber in der öffentlichen Meinung steigen als fallen sahen, weil sie mehr schwach als schlecht, mehr beschränkt als boshaft, hätte auch ein weniger detaillirter Bericht genügt, damit war meine Aufgabe aber noch keineswegs gelöst. –

Ich konnte mich erst dann zufrieden stellen, wenn es mir gelungen war, dieser würdigen Schaar liberaler und conservativer freiwilliger und bezahlter Schurken, die sich an jede reine, edle Natur wie

Vampyre beharrlich festklammern bis sie ihr den letzten Lebenstropfen ausgesogen – ihr Opfer lebendig und *unversehrt* zu entreißen.

Hiezu bedurft es nur einer einfachen, treuen Erzählung des Erlebten, und die bis in die kleinsten Details geben zu können, war Niemand befähigter als ich; die Herwegh vom Anfang bis zum Schluß der Expedition keinen Augenblick aus den Augen verloren und Zeuge jedes Wortes gewesen war, das er gesprochen hatte.

Sehr möglich, daß die Aussage dieses oder jenes Gefangenen in einzelnen Punkten von der meinigen abweichen wird. Nicht *jeder* Mensch kann wahr sein. Manchem versagt das Gedächtniß den Dienst, Andern wieder spielt die Eitelkeit einen Streich und diejenigen, die während ihres ganzen Lebens mit Allem Industrie getrieben, werden ihr bisheriges Handwerk auch jetzt nicht verläugnen können und sich nicht scheuen, selbst ihr *Märtyrerthum* auf Kosten derer auszubeuten, die nur dem glücklicheren *Zufall* ein besseres Loos verdanken.

An reudigen Schaafen hat es, davon bin ich nachträglich mehr als je überzeugt, auch in *unserer* Schaar nicht gefehlt, eben so wenig an solchen, die zu gleicher Zeit den doppelten Lohn eines Kämpfers *für* und *gegen* die Freiheit bezogen haben. Wie wäre sonst – nämlich ohne den Verrat im eigenen Lager – das plötzliche Verschwinden mehrerer Chefs wenige Stunden vor dem Gefecht zu erklären, wie der 10stündige Marsch für drei Stunden Wegs, und wie endlich die Annahme des Kampfes selbst, die bei einem ordentlichen, militairischen Commando so leicht hätte vermieden werden können?

Aber dieser Kampf bei Dossenbach, den ich, wie ich die Sachen *heute* kenne, für einen im Plan der Intrigue durch *Verrat* herbeigeführten ansehe, *mußte* sein, wenn nicht jede Handhabe zu irgend einer Verdächtigung Herweghs wegfallen sollte, jede Gelegenheit, ihn entweder *physisch* oder *moralisch* zu tödten. Wäre ihm die Flucht auf neutrales Gebiet geglückt, die, scheuen wir uns nicht, das Kind beim Namen zu nennen, nicht erst *nach dem Gefecht bei Niederdossenbach*, sondern bereits anderthalb Tage zuvor anfing, als der einzige *ehrenvolle* Ausweg, der uns nach der Nachricht von der Niederlage unserer Freunde vor Freiburg übrig blieb – *was* hätte man Herwegh dann vorwerfen können? Vielleicht daß er weder eitel, noch wahnsinnig genug gewesen, sich einzubilden, mit einer schlechtbewaffneten Schaar von 650 Mann, die Republik in Baden gegen den Willen der Bevölkerung durchsetzen zu können, nachdem alle andern Freicorps bereits geschlagen waren. Oder, daß er einen ehrenvollen Rückzug einem sinnlosen Kampf vorgezogen – sonst Nichts. Und was wirft man ihm heute vor, nachdem er den vielfachen Verfolgungen nur durch ein Wunder entgangen ist – Feigheit! und weshalb?

Erstens weil er aus reinem Ehrgefühl, und in der Hoffnung, durch seine Gegenwart wenigstens dasjenige, was der guten Sache entgegen *abwenden* zu können, *Alles* auf die Karte gesetzt hatte, den ungeschicktesten Führern geduldig nachgefolgt war, die, ich sage es frei heraus, denn es ist meine feste Ueberzeugung, ihn während der ganzen Expedition *nur als glänzendes Aushängeschild benutzen wollten*.

Zweitens, weil er unbewaffnet war, und mit dem militairischen Commando *nichts* zu thun hatte, wenigstens das Recht für sich in Anspruch nehmen zu dürfen glaubte, das man jedem General zuerkennt, ohne deshalb seinen Mut in Frage zu stellen, nämlich: sich nicht persönlich herumbalgen zu müssen. *Fäuste waren es ja nicht, an denen es uns fehlte!* und endlich Drittens, weil ohne Herweghs Geistesgegenwart die Kämpfenden, mit denen er vom *Anfang bis zum Schluß des Gefechtes einen regelmäßigen, ununterbrochenen Verkehr unterhielt* (denn er hatte mit der ihm während des ganzen Zuges gegebenen Bedeckung, die Stellung wenige Schritte vom Kampfplatz *unverrückt* beibehalten) nicht einmal das wenige Pulver zur Zeit bekommen hätten, das als einziger Reichthum auf meinem Wagen verpackt lag und an das keiner der Herren Chefs dachte. Bei dieser Gelegenheit will ich es nicht versäumen, den Herren Mitarbeitern und Redakteuren der verschiedenen gelehrten und ungelehrten Blätter, wie der deutschen Hofrats-, der Baseler und Karlsruher Zeitung (diese letzte hat sich hartnäckig geweigert, jeden *berichtigenden* Artikel, welcher von Seiten der Gefangenen an sie gesandt, aufzunehmen), meinen Dank auszusprechen, für die lobenswerte Bereitwilligkeit, mit welcher sie auf guten Glauben ohne den Schatten eines Beweises, denn woher könnten sie ihn haben, da *keiner existirt* – Allem ihre Spalten geöffnet, was Herweghs guten Ruf schänden und wenn es wahr gewesen, ihm mit vollem Recht jede Wirksamkeit in Deutschland hätte abschneiden müssen.

Zum Beweis, daß ich nicht wie jene Herren auf Kosten Anderer zu improvisiren und nur genau zu referiren verstehe, rufe ich dem unparteiischen Leser die allerliebste Geschichte vom »*Spritzleder*« zurück, welche die Runde durch alle wohlorganisirten Lügenbureaux deutscher Journalistik gemacht hat, und als *patriotisches* Phantasiestück (denn wer anders als ein kaum amnestirter Kopf, giebt sich mit derlei Erfindungen ab), den *anonymen* Autoren zur großen Ehre gereicht. Ob jene Herren Skribenten glauben, heut weniger verächtlich zu sein, wo sie, weil der Liberalismus allein rentirt, ihr Schergenamt mit dem Wahlspruch: Alles für das Volk, Alles durch das Volk versehen, als gestern, wo sie Herwegh »Mit Gott für König und Vaterland« wegen seines *Radikalismus* verfolgt haben, will ich nicht entscheiden und mich nur auf die Beschreibung des Wunderwägelchens beschränken.

Jene vielbesprochene Kutsche, die nach der einstimmigen Aussage aller Zeitungen jedenfalls ein *verzaubertes* Fuhrwerk gewesen sein muß, denn wie hätte sie sonst Herwegh, der viele Schritte davon entfernt stand, und seit Niederdossenbach *keinen Augenblick darauf Platz genommen hatte*, Schutz bieten können? – war für den unbefangenen Beschauer nichts – als ein *offener, unbedeckter Leiterwagen, dessen einzige Bekleidung* in etlichen Bündeln Stroh bestand, und von dem aus *ich mit einigen vom langen Marsch Verwundeten* dem Gefecht zusah.

Qui s'excuse s'accuse, dies wohlbewährte Sprichwort hat auch gewiß diesmal Herwegh bestimmt den Verdächtigungen seiner Ehre dieselbe Waffe entgegenzustellen, deren er sich stets persönlichen Angriffen gegenüber bedient, und sich dabei sehr wohl befunden hat: das absolute *Schweigen*.

Wie kann es auch nur einem Mann von Kopf und Herz einfallen, *tödtliche* Pfeile mit der *Feder* abwenden zu wollen? – und um zu einer *andern* Waffe zu greifen, die freilich am *allerwenigsten* erledigt aber doch energischer ist, müssen die Feinde *unverkappt* und nicht wie hier, mit hermetisch geschlossenen Visiren auf dem Kampfplatz erscheinen.

Was man Hecker und Herwegh mit Recht vorwerfen kann, ist zwar nicht »*Meuchelmord*«, nicht »*Feigheit*«, aber etwas weit Schlimmeres. – Man kann ihnen vorwerfen, daß sie weder *getödtet*, noch *gefangen* sind, – daß sie dieser zwiefachen Gefahr glücklich entkommen – konnten ihnen die privilegirten und patentirten Volksvertreter zu Frankfurt, denen Alles darauf ankommen mußte, *solche* Männer nicht nur persönlich fern zu halten, sondern auch zugleich *unmöglich* zu machen, freilich – nicht verzeihn. Ihnen blieb kein anderes Mittel übrig, als sie *lebendig zu begraben*.

Aber es giebt glücklicherweise noch ein *anderes* Deutschland, als das zu Frankfurt **verratene**, ein anderes, als das, welches mit kaltem Blut das Todtenamt für *Lebendige* hält, das zum Henker oder Spießgesellen an allen nach Freiheit ringenden Völkern geworden ist, und seine *besten* Kinder im Exil oder in schmählichen Banden hält.

Es giebt ein *junges, demokratisches Deutschland!* Ein Deutschland, das mit der alten Welt und ihren Sünden abgeschlossen hat, das nicht eher die Waffen niederlegen wird, bis Polen, bis Böhmen, bis Italien, bis ganz Europa frei, der letzte Kerker geöffnet, die letzte Kette gesprengt ist. Diesem Deutschland allein übergebe ich diese Schrift, denn dies *allein* hat eine

Stätte für *jede gute*, freie Natur, dies allein ist im Stande, seine *wahren Kinder* von seinen *Stiefkindern* zu unterscheiden, und wird das schreiende Unrecht, was jenen geschieht, dereinst zu sühnen wissen.

So viel Kämpfe ihm auch noch bevorstehen mögen, so viel seiner *besten* Kinder auch noch als Opfer des Despotismus fallen werden, ehe es Sieger *bleibt*, – es weiß, daß es später oder früher siegen *muss*, und kann stolz mit jenem edlen Republikaner, den man hier vor wenigen Tagen zu den Galeeren verdammte, ausrufen:

à moi l'avenir!
Vive la République démocratique
et sociale!

Paris im Juni 1848.

***

Übersetzung der französischen Textpassage der Seiten 20f.
Berichterstattung vom 9. März 1948 im Moniteur

Die provisorische Regierung empfing eine Abordnung deutscher Demokraten, die gekommen war, ihr eine von 6000 ihrer Landsleute unterzeichnete Grußadresse zu überreichen. Im Namen der provisorischen Regierung antwortete Mr. Crémieux:

Bürger Deutschlands, unsere Herzen sind lebhaft bewegt durch die noblen Worte, die Sie uns gerade hören ließen; sie sind des Volkes, das Sie repräsentieren, würdig, wie auch der Ära der Freiheit, in die Frankreich zuerst eingetreten ist, ihm jedoch alle vernünftigen Nationen, die ebenfalls frei seinen wollen, folgen werden. (Von allen Seiten: Ja! Jawohl!)

Als Heimstatt der Philosophie und der gelehrten Studien weiß Ihr Deutschland sehr wohl um den Wert der Freiheit, und wir haben die Gewißheit, daß es sie alleine erobern wird, ohne fremde Hilfe außer dem lebendigen Beispiel, das wir den Völkern geben: das Beispiel, das allen beweisen muß, daß die Freiheit das höchste aller Güter ist und das dringendste Bedürfnis des Menschen. (Applaus.)

Bürger Deutschlands, alles bewegt sich um uns, wir wären recht überrascht gewesen, wenn nun, da wir das Signal gegeben haben, Deutschland nicht auch würdevoll erwacht wäre. Es regt sich, es ordnet seine Gedanken.

Deutschland überstürzt sich nicht, es marschiert, aber wenn Deutschland marschiert, kommt es ans Ziel. (Bravo! Bravo!)

In Erwartung des Tages, an dem Deutschland – aus eigener Kraft, wie eine große Nation, die sich durch ihre Kraft konstituiert – seine großen Ideen der Freiheit verkünden wird, die es wie einen neuen Glanz umgeben werden, nimmt Frankreich lebhaftesten Anteil an den wichtigen Ereignissen, die sich auf dem Boden des alten Germanien vorbereiten. (Bravo! Bravo!)

Frankreich applaudiert herzlich allen Versuchen der Freiheit – es ist die Freiheit, die die Völker näherbringt und vereinigt. An dem Tag, an dem die Nationen wissen, daß sie Schwestern sind, wird es nur noch, wie Sie gesagt haben, e i n e   e i n z i g e   R e p u b l i k auf Erden geben, und wir werden alle rufen können: Es lebe die Freiheit! (Applaus von allen Seiten:) *Es lebe die Freiheit!*

Herwegh, indem er beide Fahnen überreichte:

Auf daß die Fahne Frankreichs und die Fahne Deutschlands auf ewig vereint seien! Der Welt zum Wohle.

Mr. Crémieux: *Wir empfangen diese beiden Fahnen so wie wir die französische und amerikanische Fahne empfangen haben. So bilden sich die Allianzen der Völker.* (Rufe wie: Es lebe die Republik Frankreich! begleiten die letzten Sätze.)

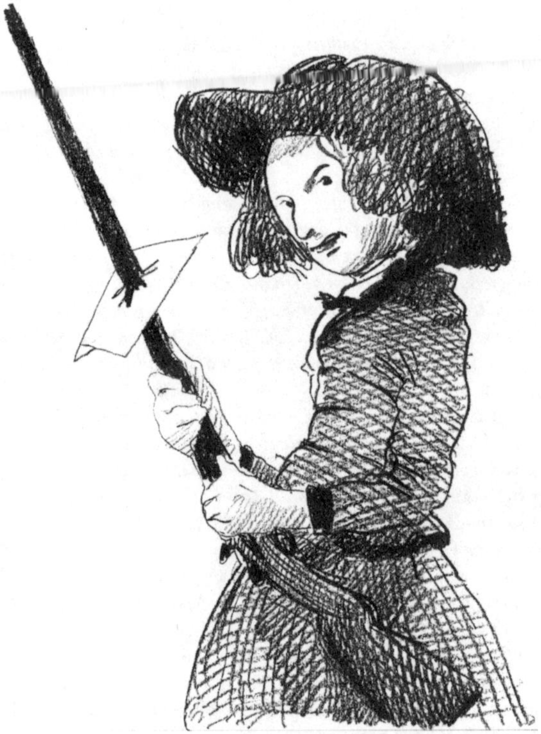

Biographisches Glossar

Wir berücksichtigen in unserem biographischen Glossar ausschließlich die von Emma Herwegh mit vollem Namen erwähnten Personen. Die von ihr aus naheliegenden Gründen – sie wollte den Verfolgungsbehörden nicht auch noch Material liefern – nur mit Abkürzungen genannten Namen sind nicht immer mit letzter Sicherheit zuzuordnen und auch in ihrem Handexemplar nicht aufgelöst.

Beck, von: Aus dem Zusammenhang wird nicht ganz klar, wer gemeint ist. Vermutlich Johann Baptist Bekk (1797–1855), der 1846 badischer Innenminister wurde.

Becker, Johann Philipp (1809–1886): Der gelernte Bürstenbinder, der bereits 1832 als Teilnehmer am Hambacher Fest Bürgerbewaffnung forderte, unterstützte die badischen Aufständischen mit einer Legion aus der Schweiz. Im Exil verfaßte Becker eine »Geschichte der süddeutschen Mairevolution« und wurde 1862 in Genf Agitator des »Internationalen Arbeitervereins«.

Boernstein, Carl: Kommandant der »Deutschen Demokratischen Legion«.

Bornstedt, Adalbert von (1808–1851): Der Baron und ehemalige preußische Offizier war Mitglied im »Bund der Kommunisten«, bevor er am 1. März 1848 in Paris die »Deutsche Demokratische Gesellschaft« gründete, als deren Vizepräsident er unter Herwegh fungierte. Deshalb wurde er aus dem »Bund der Kommunisten« ausgeschlossen. In Dossenbach kämpfte er in vorderster Linie, wurde aber kurz vor der Schweizer Grenze bei Schloß Beuggen festgenommen. Die »barbarische« Behandlung in der zehnmonatigen Untersuchungshaft führte zum Ausbruch einer psychischen Erkrankung, an deren Folgen er – nach einem erneuten revolutionären Intermezzo – in der Heil- und Pflegeanstalt Illenau verstarb. Einer seiner Brüder war als preußischer Offizier an der Niederschlagung des Aufstands beteiligt und wurde von Leopold von Baden deshalb mit dem Zähringer-Löwen-Orden ausgezeichnet.

Corvin-Wiersbitzki, Otto von (1812–1886): Der aus einer gräflichen Familie aus Gumbien stammende preußische Offizier, der aus politischen Gründen seinen Abschied genommen hatte, nahm nach dem Scheitern der »Deutschen Demokratischen Legion« am Gefecht von Waghäusel teil und leitete die Verteidigung Rastatts bis zum bitteren Ende. Im September 1849 standrechtlich zum Tod verurteilt, wurde er zu sechs Jahren Einzelhaft begnadigt, die er in Bruchsal absaß. Später beteiligte er sich für die Nordstaaten als Oberst im amerikanischen Bürgerkrieg. Er ist u. a. Autor des »Pfaffenspiegel«, seine umfangreichen und spannenden Memoiren »Aus dem Leben eines Volkskämpfers« verdienten längst eine ungekürzte Neuausgabe.

Crémieux, Isaac von (1796–1880): Französischer Politiker. Als Anwalt für die Saint-Simonisten bekannt geworden, wurde er 1848 Mitglied der provisorischen Regierung, 1870 Mitglied der Défense National.

Delaporte, Auguste: Aus Amiens stammender Mitkämpfer der »Deutschen Demokratischen Legion«. »Sehr tapferer, junger Franzose« (Marcel Herwegh).

Gagern, Friedrich von (1794–1848): Oberbefehlshaber der badischen und hessischen Truppen. Er fiel am 20. April 1848 in der Schlacht bei Kandern kurz nach dem Beginn der Kampfhandlungen. Zuvor hatte er mit Hecker – »Wenn die Hingebung für die Befreiung eines großen Volkes Fanatismus ist, dann mögen Sie diese Handlungsweise also bezeichnen; dann gibt es aber auch einen Fanatismus auf der anderen Seite, dem Sie dienen« – einen denkwürdigen Wortwechsel. Die Regierung verbreitete nach seinem Tod die Greuelmär, daß Hecker den General während des Gesprächs kaltblütig ermordet habe und präsentierte sogar einen Soldaten namens Trautmilch, der diese infame Unterstellung eidlich bezeugte.

Hecker, Friedrich (1811–1881): *Die* Symbolfigur der badischen Revolution. In St. Louis in den USA verstorben, ursprünglich Rechtsanwalt und Abgeordneter. Hat am 12. April 1848 in Konstanz erstmals in Deutschland die Republik ausgerufen. Kämpfte im amerikanischen Bürgerkrieg auf seiten der Nordstaaten und schickte 1868 »Gepfefferte Briefe« in die Heimat.

Herwegh, Georg (1817–1875): An dieser Stelle möchte ich nachdrücklich die Herwegh-Biographie von Michail Krausnick »Die eiserne Lerche. Die Lebensgeschichte des Georg Herwegh«, Weinheim 1998 (Beltz & Gelberg) empfehlen.

Horter, Alfred de: »Tapferer junger Franzose, einer der besten Offiziere der deutschen demokratischen Legion« (Marcel Herwegh).

Lamartine, Alphonse de (1790–1869): Französischer Dichter, Historiker und Politiker, der mit seiner »Histoire des Girodins« (1847) den Vormärz beeinflußte.

Lipp, Friedrich: Der Hauptmann der in Dossenbach siegreichen württembergischen Truppen veröffentlichte 1850 bei Metzler in Stuttgart unter dem barocken Titel »Georg Herwegh's viertägige Irr- und Wanderfahrt mit der Pariser deutsch-demokratischen Legion in Deutschland und deren Ende durch die Württemberger bei Dossenbach« eine »Erinnerung an die Zustände im Frühjahr 1848«, die kurioserweise von einigen Bibliographen später Herwegh selbst zugeschrieben wurde. Schenkt man einer Anmerkung des nicht immer zuverlässigen Marcel Herwegh Glauben, so haben sich Lipp und Georg Herwegh in späteren Jahren getroffen, wobei Lipp erklärt habe: »daß wenn es wieder los ginge, wie im Jahre 1848,

Herwegh ihn nicht auf der Seite seiner Feinde finden würde«.

Löwenfels, Wilhelm von: Mitkämpfer der »Deutschen Demokratischen Legion«, später am Struve-Zug beteiligt.

Muschacke, Carl: Auf dem Gedenkstein für die Gefallenen in Dossenbach (siehe unser Frontispiz) findet sich ein Karl Musecker, vermutlich handelt es sich um einen Schreibfehler von Emma Herwegh.

Peter, Joseph Ignaz: Von Friedrich Hecker ernannter Statthalter für das Bodenseegebiet.

Schimmelpfennig, Reinhard von: In Emma Herweghs Text »Schimmelpenning« geschrieben. Aus Danzig stammender, sich »durch seinen Heldenmut« (Marcel Herwegh) auszeichnender Offizier der »Deutschen Demokratischen Legion«, im Gefecht bei Dossenbach gefallen. Siehe den Gedenkstein auf unserem Frontispiz.

Sigel, Franz (1824–1902): Bei Emma Herwegh mit *ie* geschrieben. Ursprünglich badischer Leutnant, fungierte Sigel, der 1847 seinen Abschied genommen hatte, zunächst 1848 als Heckers Generaladjutant, bevor er dann vom 1. bis 13. Juni 1849 Kriegsminister der revolutionären Regierung war. Nach der Flucht in die Schweiz wanderte er in die USA aus und war von 1861 bis 1865 Generalmajor der Nordstaaten im amerikanischen Bürgerkrieg.

Spatz, Carl: Rheinpfälzischer Abgeordneter des Frankfurter Vorparlaments.

Struve, Amalie von (1824–1862): In Mannheim geborene Lehrerin, heiratete 1845 Gustav von Struve. Nahm an beiden Volkserhebungen im Jahre 1848 teil und übernahm u. a. Munitionstransporte. Nach der Niederlage des zweiten Struve-Zuges im September 1848 war sie für 205 Tage inhaftiert, bevor sie die neue Revolutionswelle im April 1849 befreite. Nach der endgültigen Niederschlagung der Revolution flüchtete sie mit ihrem Mann zunächst in die

Schweiz, emigrierte später über London in die USA, wo sie in Staten Island/New York starb. 1850 erschienen ihre »Erinnerungen aus den badischen Freiheitskämpfen. Den deutschen Frauen gewidmet«.

Struve, Gustav von (1805–1870): Rechtsanwalt und Publizist, als Redakteur des »Mannheimer Journal« und des von ihm 1846 gegründeten »Deutschen Zuschauer« im Vormärz in heftige Zensurfehden verwickelt. Als überzeugter und ziemlich fanatischer Vegetarier wurde Struve auch zur Zielscheibe für den Spott seiner eigenen Anhänger. Nach seinem zweiten Aufstandsversuch (beim ersten Mal war ihm die Flucht in die Schweiz gelungen) wurde er wie seine Frau zunächst inhaftiert und zu acht Jahren Zuchthaus verurteilt, bis er im Mai 1849 von der dritten Welle der Revolution in Bruchsal befreit wurde. 1862 erlaubt ihm eine Amnestie die Rückkehr aus den USA, wo er im Bürgerkrieg als Hauptmann der Nordstaaten gedient hatte. Er sollte als amerikanischer Konsul für Thüringen fungieren, wurde aber von deutscher Seite nicht bestätigt.

Venedey, Jakob (1805–1871): Politischer Publizist und Republikaner der älteren Generation. Bereits als Schüler vom Gymnasium verwiesen, mußte er das Abitur nachholen, bevor er als Mitglied der verbotenen Burschenschaften erneut relegiert wurde. Als Teilnehmer des »Hambacher Festes« 1832 verhaftet, gelang ihm die Flucht aus dem Gefängnis nach Frankreich, wo er den sozialrevolutionären »Bund der Geächteten« mitbegründete. Nach langen Jahren des Exils konnte er nach der Märzrevolution 1848 nach Deutschland zurückkehren und wurde in die Paulskirche gewählt, wo er dem linken Zentrum, später der davon abgespaltenen Fraktion der sogenannten »Linken im Frack« angehörte. Nach der Auflösung der Nationalversammlung und der Sprengung des Stuttgarter »Rumpfparlaments« ging er zunächst wieder in die

Schweiz und nahm bis ins hohe Alter eine entschieden oppositionelle und demokratische Position ein.

Zittel, Karl (1802–1871): Pfarrer und Abgeordneter des badischen Landtags, Anhänger eines gemäßigten Liberalismus, vor allem in Fragen der Kirchenpolitik engagiert, wo er für Glaubensfreiheit eintrat. Entwickelte sich zum entschiedenen Gegner der Revolution. Wie es sein umfangreicher biographischer Artikel in der »Allgemeinen Deutschen Biographie« stolz vermeldet, folgte er als Greis »der Bismarck'schen Politik mit größter Bewunderung und ungetheiltem Beifall. Mehr als die Erfüllung der Gedanken, für die er gelebt hatte, kann aber ein Menschenleben nicht erwarten.«

P.S. Bleibt ein Name nachzutragen, der – nicht nur der alphabetischen Reihenfolge wegen – am Anfang unseres Registers zu stehen hätte, bei Emma Herwegh (s. o. S. 79) aber aus guten Gründen nur als Anonymus aufscheint: »dessen Namen ich verschweige, um ihn als Dank für diesen unvergeßlichen Dienst nicht der Gefahr preiszugeben«. Dahinter versteckt sich der wackere Bauer *Jakob Bannwarth* aus Karsau bei Rheinfelden, der Emma und Georg Herwegh bei sich versteckte und in dessen alten Kleidern die Flucht gelang: »Der Freiheit eine Gasse«.

Wie heißt es bei Johann Peter Hebel: »Der Hausfreund denkt etwas dabei, sagt's aber nicht.« Die Stadträte von Rheinfelden bis Karlsruhe können aber gerne bei mir nachfragen.   H. B.

Editorische Notiz

Unser Neudruck folgt dem eigenhändig korrigierten Handexemplar von Emma Herwegh, die ein Exemplar der anonym erschienenen Erstausgabe von 1849 benutzte und es mit handschriftlichen Anmerkungen versah. Diese auf holzhaltigem Papier und zum Teil doppelseitig mit Tinte angebrachten, schwer und nicht gänzlich vollständig zu entziffernden Korrekturen und Ergänzungen der Zensurlücken (die im gedruckten Text, der der Vorzensur unterlag, mit Strichen gekennzeichnet sind) haben wir im **Fettdruck** wiedergegeben und durchweg die von Emma Herwegh autorisierte Schreibweise und Zeichensetzung beibehalten, wobei wir ihre Hervorhebungen im Druckbild berücksichtigt und offensichtliche Druckfehler im Text berichtigt haben.

Der 1896 durch die Vermittlung von Frank Wedekind bei Albert Langen in München erschienene Wiederabdruck in dem von ihrem Sohn Marcel Herwegh herausgegebenen Band »Briefe von und an Georg Herwegh« berücksichtigt merkwürdigerweise weder die Korrekturen noch die Ergänzungen der Autorin, so daß wir uns, da sich ein Manuskript der Druckfassung nicht erhalten hat, ausschließlich an ihr Handexemplar gehalten haben, das dem Duktus der Handschrift nach wohl in die Zeit kurz nach Erscheinen der Erstausgabe zu datieren ist.

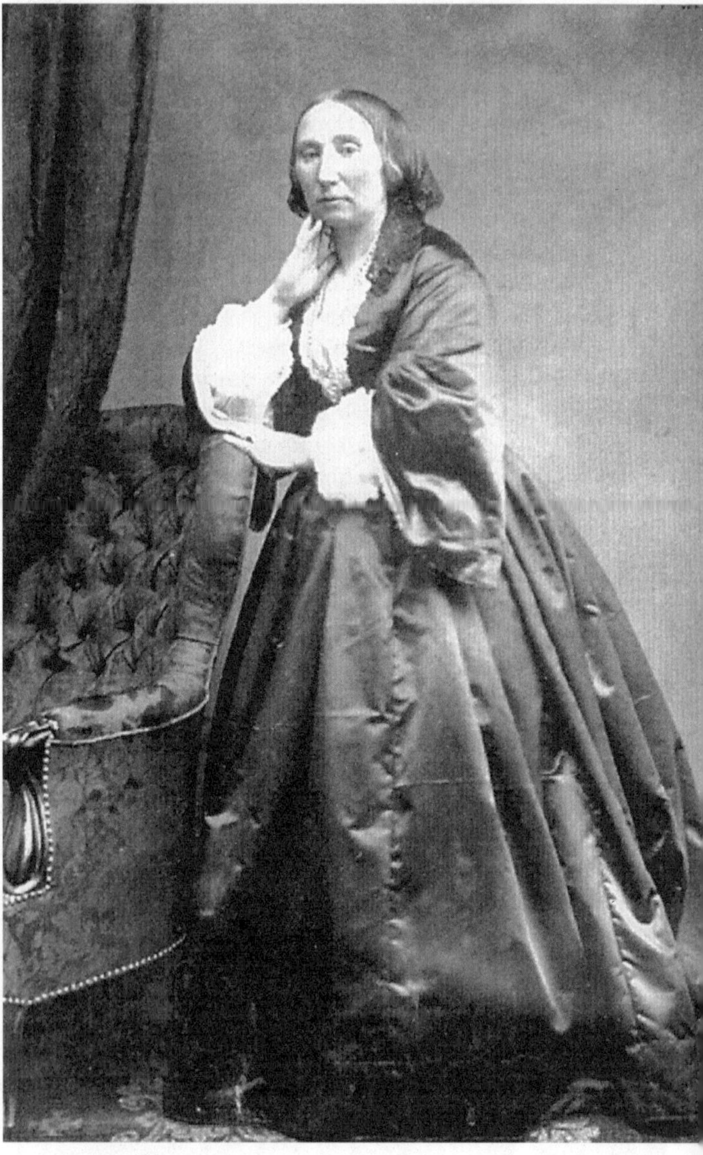

Rendezvous in der Rue des Saints-Pères

*Tag- und Nachtgedanken
über Emma Herwegh, Frank Wedekind
und andere Zeitgenossen
von
Horst Brandstätter*

Paris, Frühjahr 1893. In der Rue des Saints-Pères 40, inmitten des Quartier Latin, sitzt ein junger Dichter bei einer alten Witwe auf dem Sofa. Sie ist 76 Jahre alt und kennt nicht nur Gott und die Welt, sondern auch den »Satan der Revolte«, der ein halbes Jahrhundert zuvor ihr leibhaftiger Brautführer war. Jetzt haust die aus großbürgerlichen Verhältnissen stammende betagte Dame ziemlich ärmlich in einer Studentenbude, sprüht aber noch immer über vor Temperament und Witz, und der junge Dichter, den sie bei späteren Besuchen mit Zigaretten, Datteln, Marzipan und Rum traktieren wird, sucht sich einen Vorwand, damit er diese inspirierenden Zusammenkünfte ritualisieren kann. So nimmt er jeden Abend von neun bis halb elf Uhr bei ihr Französischstunden, und es entwickelt sich eine anregende und anrührende Geschichte, die einer seiner späteren Biographen als »merkwürdig schöne Vertrautheit« bezeichnen wird. Die Rede ist von der »*alten Herwegh*« – so nennt er sie respektlos und liebevoll in seinen »Pariser Tagebüchern« – und dem jungen *Frank Wedekind,* der der vitalen Emigrantin nicht nur freimütig von seinen ausgedehnten erotischen Selbsterfahrungsexkursionen berichtet, sondern sich von ihr auch die französischen Passagen in seinem Theaterstück »Die Büchse der Pandorra« korrigieren läßt.

»Lulu« hat die Männerphantasien über Generationen beschäftigt und zu hilflosen Definitionsversuchen animiert. Sowenig »Lulu« auf den »Vamp« zu reduzieren ist, sowenig taugt auf Emma Herwegh das reichlich abgestandene und alberne Bild vom »Flintenweib«, als dessen paradigmatische Verkörperung sie, wenn nicht ganz und gar verschwiegen und nur als »Herweghs verfluchtes Weib« einer gelegentlichen Fußnote gewürdigt, durch diverse Literaturgeschichten geistert. Was immer man unter einem »Flintenweib« verstehen mag, die genüßlich Zigarre rauchende Emma Herwegh, die als junges Mädchen »wie der Teufel« reitet und – natürlich von einem Mann *(August Becker)* – als ein »ganz allerliebstes keckes Bürschchen« beschrieben wird, erscheint mir trotz oder vielmehr wegen der Pistole, mit der sie, Tyrannen meinend, Holzscheiben malträtierte, als das schiere Gegenteil: eine liebesfähige, äußerst sensible, politisch hellwache Frau, die mit ihrer »Emanzipation« vor biedermeierlicher Kulisse weit über den Horizont so mancher postmodern stolzer Trägerinnen (und Mitträger) von Doppelnamen hinausweist.

Der Lebensroman der Emma Herwegh liest sich wie ein Baedeker über die Hoffnungsgebirge der uneingelösten Utopien des Jahrhunderts, die nach den kläglich gescheiterten, von Vergewaltigungsphantasien diktierten Gewaltmärschen des 20. Jahrhunderts in noch unerreichbarere Fernen gerückt zu sein scheinen. Inzwischen nicht nur im Flachland, sondern in der Tiefebene angekommen, ist ein Blick zurück immer auch ein Blick voraus. Begeben wir uns also auf das Sofa in der Rue des Saints-Pères und versuchen wir uns vorzustellen, was uns dieses faszinierende Panorama zu bieten hätte, in dem die alte Herwegh mit dem jungen Wedekind im Dunst von Tabakwolken und Stoßseufzern blättert. Eine auch nur einigermaßen erschöpfende Beschreibung dieses prallen, von Heerscharen illustrer Figuren durchkreuzten Lebenslaufes würde nicht nur Bände sprechen, sondern füllen. Belassen wir es also notgedrungen bei einem Blick ins Leporelloalbum.

Berlin, den 10. Mai 1817. Dem königlich-preußischen Hoflieferanten *Johann Gottfried Siegmund* und seiner Frau *Henriette Wilhelmine* schenkt der Herr eine Tochter, die man auf den Namen Emma taufen läßt. Längst ist man protestantisch, doch dies wird wenig nützen, handelt man doch in gewissen Kreisen Emma Siegmund immer wieder und selbstredend auch postum als »Orientalin«, eine mit sattsam bekanntem Zungenschlag gesetzte Duftmarke, die dann mitunter gar (so vom völlig außer Rand und Band geratenen *Alexander Herzen*) dem späteren Ehemann angedichtet wurde, der, wie wir wissen leider vergeblich, derlei Geschwätz ein für allemal auf den Punkt gebracht zu haben glaubte: »Die Racenfrage gehört in die Gestüte und nicht in die Geschichte« (1863). Was das Ambiente betrifft, in dem Emma Siegmund aufwächst, so haben selbst die späteren Neider kaum etwas zu übertreiben.

Man besitzt nicht nur – vis-à-vis vom Schloß – ein vierstöckiges Wohn- und Geschäftshaus, in dem man einen florierenden Seidenwarenhandel, d. h. ein Modekaufhaus vom Feinsten betreibt, sondern auch eine herrschaftliche Villa im Tiergarten, in deren weitläufigem Park wir uns die ansehnliche, erstklassig erzogene und vielseitig gebildete, doch leider Gottes etwas spitznäsige Emma hoch zu Rosse inmitten der großbürgerlichen Hautevolee vorzustellen haben. Sie ist das, was man als eine erstklassige Partie zu bezeichnen pflegt, und entsprechend drängen sich die Verehrer. Die läßt sie, auch auf die Gefahr hin, in den Geruch eines sogenannten späten Mädchens zu kommen, reihenweise abblitzen. Ihre Motive finden sich im Tagebuch, wo sie über »Schöngeister« und »Windbeutel«, »Höflinge« und »Speichellecker«, kurz, das ganze

»liberale Pack« herzieht. »Dieses sogenannte juste milieu,« – notiert sie sich beispielsweise am 18. Juni 1842 – »aus dem weder eine Tugend noch ein Verbrechen hervorgeht (…), diese Zwitternaturen, halb liberal, halb royal, diese aechten Schmarotzerpflanzen, die heute auf die Auferstehung Polens und morgen auf den Kaiser Nikolaus ihre Toaste ausbringen, in dem einen Knopfloch den Orden der légion d'honneur, und dicht daneben einen für geheime Staatsverdienste, vielleicht in Rußland erworben, – das ist die Brut, die ich vernichtet sehen möchte.«

Es kommt, was wir sonst nur aus Märchen kennen: es kommt der Prinz. Der heißt *Georg Herwegh*, ist wie weiland *Friedrich Schiller* ein württembergischer Deserteur und seit April 1841, wo im »Literarischen Comptoir« in Zürich und Winterthur seine »Gedichte eines Lebendigen« erscheinen, ein Megastar, dem zu Ehren man aller orten die zeitgeistorientierten Salons illuminiert, Bankette veranstaltet und Toaste ausbringt, in die auch begeistert einstimmt, wer sich sonst nur traut, die Faust im Sack zu ballen. Und es kommt, was uns beim alltäglichen Umgang mit unseren Medien (das Wort bedeutete übrigens meinem noch nicht reformierten Duden von 1973 zufolge »früher: Land im Iran«) alltäglich stets aufs neue wundert, der fixe Umschwung in den Köpfen der fixen Jungs von der komfortabel bezahlten Zunft der öffentlichen Meinungsmacher. Sie dichten, auch das bringt Zeilengeld, unserem Dichter einen sogenannten Fehltritt an, der sich bei näherer Betrachtung freilich als ein Skandal ohne Fleisch und Blut erweist, eine wunderbar ausschlachtbare Konstruktion aus nebulösen Unterstellungen, haltlosen Vermutungen und durchsichtigen Verdächtigungen, die gleichwohl bis heute immer wieder aus der ideologischen Rumpelkammer als Deus ex machina präsentiert wird, wenn es gilt, den durch diese Geschichte nachhaltigst ruinierten Ruf des Dichters wieder einmal neu zu beschädigen.

Geschehen ist nicht viel mehr, als daß sich der »Romantiker auf dem Königsthrone« vor Neugier auf den »hochbegabten jungen Dichter«, dessen Gedichte seine weise Regierung vorsorglich für die preußischen Untertanen verboten hatte, nicht zu bremsen wußte und er ihn unbedingt »lebendig oder tot« in seinem Berliner Schloß zu sehen wünschte und daß Georg Herwegh diesem Wunsche nachgekommen ist, zumal er ihm von *Lukas Schönlein* vermittelt wurde, der der treusorgende Arzt des von Herwegh sehr verehrten *Georg Büchner* in dessen letzten Tagen war und den er von Zürich her persönlich kannte. Jetzt war Schönlein Professor in Berlin, Leibarzt von *Friedrich Wilhelm IV.* und auch vis-à-vis für die Familie Siegmund tätig. Die Audienz im Schloß hat man sich wie auf dem Theater vorzustellen, wo der Monarch den Platzhirsch gibt und *Friedrich Schiller* die Regie führt. Es fallen große Worte: »Ich liebe eine gesinnungsvolle Opposition«, »Wir wollen ehrliche Feinde sein« und »Ich wünsche Ihnen einen Tag von Damaskus, und sie werden Ungeheures wirken«. Betreten tritt der vielleicht etwas zu blauäugige Dichter ab.

Gleichviel, man ist in den nach Tagesmode »fortschrittlichen Kreisen« erregt und empört, denn eine solche Audienz schickt sich nun mal nicht für einen Freiheitsdichter, und als Herwegh eine gute Woche später den Spieß sozusagen umkehrt und sich auf seinem Feld behauptet, indem er einen alles andere als untertänigen Brief an Friedrich Wilhelm IV. verfaßt und sich über neuerlich ihm zu Ohren gekommene Zensurschikanen beschwert, spielt man diesen Brief, den er nicht abschickt, weil es eh keinen Zweck hat und es ihn nur in die Bredouille bringt, der Presse zu. So haben denn dann ausgerechnet am Heiligen Abend 1842 die Lästerzungen aller Fraktionen ihr Vergnügen, vier Tage später wird er aus Preußen ausgewiesen und hat auf polizeilichen Befehl, es kann den Behörden ganz offensichtlich nicht schnell genug gehen, das Land mit einem Güterzug zu verlassen. Im Waggon sitzt auch Emma Siegmund.

Sie ist jetzt seine Braut, hat sich ohne Rücksicht auf die Konventionen den Mann erobert, den sie schon immer haben wollte, seit sie das erste Gedicht von ihm gelesen hat. Es ist, wenn man so will, eine Liebe auf das erste Wort. Der Herwegh-Ton ist es, der dieser couragierten, sich leidenschaftlich gegen jede Form der Unterdrückung instinktiv auflehnenden Frau so aus ihrer Empörerseele spricht, daß man sich die beiden sozusagen als Duett vorzustellen hat: »Und durch Europa brechen wir / Der Freiheit eine Gasse!«

Doch zunächst gilt es, sich wieder einmal den Spießruten der öffentlichen Meinung zu erwehren, ein Schicksal, das den Herweghs über den Tod hinaus noch bis in unsere Tage treu bleiben wird. Die Audienz beim König, die Verlobung eines revolutionären Dichters mit einer reichen Jüdin, das ist der Stoff, den die Journaille braucht. Emma Siegmund findet sich in den Zeitungen als »ältliches Mädchen« wieder, als »Ladenhüter des Hauses Siegmund», die »Orientalin«, die mit ihrer reichen Mitgift den deutschen Dichterjüngling auf ihren Diwan lockt. Dreck, der schmerzt. Besonders unter die Haut gehen die Giftspritzen aus der eigenen Fraktion, und besonders gerne spritzen die, die dann später zu Kreuze kriechen. Georg Herwegh hat dieser Spezies von Altachtundvierzigern und Altachtundsechzigern ein für allemal die Marschseillaise geblasen, und diese Melodie aus den Postkutschenzeiten taugt, selbst wenn man frohgemut einräumt, daß die Verhältnisse wieder gewaltig ins Tanzen gekommen sind, nebenbei auch noch immer als zumindest irritierendes Ständchen für die wendigsten unter unseren Zeitgenossen, die vor avantgardistischer Atemlosigkeit delirierenden Bier- und Ballermänner, die sich noch immer als Minnesänger der Revolution kostümieren, auch wenn sie mit den Verhältnissen eine so innige Umarmung vollzogen haben, daß sie aus dem sanften Schlaf der Selbstgerechten freilich nicht einmal mehr eine Posaune, sondern allenfalls noch die Einladung zu einer Talkschau weckt: »So hab' ich es nach langen Jahren / Zu diesem Posten noch gebracht / Und leider nur zu oft erfahren, / Wer hier im Land das Wetter macht. / Du sollst, verdammte Freiheit! mir / Die Ruhe fürder nicht gefährden (...) / Jedwedem Umtrieb bleib' ich fern, / Der Henker mag das Volk beglücken (...) / Ich will ein guter Bürger werden.«

Freiheit, Freizeit, Freibier. Längst sind die Begriffe auf den Hund gekommen, sortieren sich wie unser Müll in gelbe Säcke und grüne Tonnen, und der Sondermüll wandert im Entsorgungspark, zuweilen hört man ihn leise trippeln. Daß man »für die Träume seiner Jugend Achtung tragen« soll, ist so ein beim Neuprogrammieren unserer Befindlichkeiten abgestürzter Satz von Friedrich Schiller, der noch mit einer solchen Inbrunst auf die Unschuld der Begriffe setzen konnte, daß seine uneingelösten Ansprüche einen Georg Herwegh sozusagen ›voll erwischten‹. Nur Erbsenzähler und Seminarnaturen nennen diesen Rebellenvirus Epigonentum. Georg Herwegh und seine Emma – zu der sich mir unversehens und in aller Unschuld der die Sachwalter/innen der »political correctness« sicher in Weißglut versetzende Begriff der »Ehemännin« ins Bewußtsein schleicht – sind ihren Idealen einer demokratischen und sozialen europäischen Republik auf eine so unbedingte und auf den vollen Anspruch der Begriffe setzende Weise treu geblieben, daß man diesen Anspruch so schnell weder einlösen noch entsorgen kann, schon gar nicht an einem Brüsseler Garderobehaken.

Bevor wir uns nun endgültig verirren und den Mantel der Geschichte an ungewissem Ort deponieren, kehren wir in die Rue des Saints-Pères zurück, wo Emma Herwegh in ihrem Leporelloalbum die dunklen Seiten ihrer Ehe aufklappt. Sie heiraten am 8. März 1843, eine Emigrantenheirat. Schon allein die Organisation der Papiere war für den von Kanton zu Kanton ausgewiesenen Dichter eine Heidenarbeit. Rettung kommt ausgerechnet aus dem Kanton Aargau: »Wir freuen uns durch diese Bewilligung den Beweis geben zu können, daß noch nicht alle Kantone der Schweiz der Spießerei verfallen sind.« Am frühen Morgen geht es in dichtem Schneegestöber in Baden in die Kirche: »Hinten auf dem Wagen hatte sich Bakunin freiwillig als Jäger postiert. Vor der Kirche angelangt, sprang er von seinem Platze, öffnete den Wagen und reichte der Braut mit den Worten ›Adieu, Mademoiselle‹ galant zum Aussteigen die Hand, um kaum eine halbe Stunde später mit den Worten ›Bonjour, Madame‹ denselben Dienst zu leisten.« *Michail Bakunin*, der liebenswerte Großvater des Anarchismus, geistert als »Satan der Revolte« durch die Geschichte, und manchmal besuche ich ihn an seinem Grab in Bern. Einmal hätte er mich bei diesen Besuchen dann doch fast erschreckt. Es war wenige Tage nachdem Jura-Separatisten den Berner »Gerechtigkeitsbrunnen« in die Luft gejagt hatten und ich, arglos vom Friedhof kommend, durch die Berner Gassen schlenderte. Merkwürdigerweise hatten die Eidgenossen von diesem mir bis dahin unbekannten Vorfall kaum Notiz genommen und so gelassen reagiert, daß ich erst darüber richtig erschrocken bin.

Fast scheint es, als ob Michail Bakunin nicht nur der Trauzeuge der Herweghs, sondern auch der kopulierende Pfarrer war. Jedenfalls stand diese Ehe unter einem Freiheitsanspruch, der auf Erden wohl nicht einzulösen ist. Auch bei den späteren Wohngemeinschaftsepigonen lag der *Wilhelm Reich* zumeist zerlesen auf dem Nachttisch und die Kleinbürger reglos auf den Matrazen. Daß etwas nicht geht, ist noch lange kein Beweis, daß man es sich nicht wenigstens wünschen kann, auch wenn uns hier nicht die variantenreiche Praxis, sondern die fintenreiche Theorie interessiert. Aber selbst im Aidszeitalter muß man sich das Kondom nicht auch noch über das Bewußtsein ziehen, und wer diese Argumentation für sexistisch hält, der soll bei unseren Urgroßmüttern aus der Revolutionszeit in die Lehre gehen.

Der ersichtlich überteuerte Preis dieses ungeheuer radikalen Freiheitsanspruchs sind die sehr realen Tränenspuren, die sich auf so manchen Seiten von Emma Herweghs Tagebüchern im Archiv in Liestal finden. Doch die von Wasserrändern so anrührend verwischten Konturen der Buchstaben gehören zu einem großartigen Selbstfindungstext, der auf larmoyante Töne nicht angewiesen ist: »Die letzten Tage haben mir Schmerzen gebracht, Schmerzen, wie ich sie bisher nie gekannt. Du denkst ich bin eifersüchtig, weil eine andere Frau dich fesseln kann. Ich bin es nicht, mein Herz. Ich kann nicht die ganze Menschheit Dir ersetzen, ich möchte es nicht, denn von dem Moment an, wo ich allein Dir genügen würde, wärest Du nicht mehr, was Du bist, was Du sein solltest (...) Freiheit ist die erste Bedingung in jedem Verhältnis und nur dadurch hat das Zusammenleben Heiligung und Wert.«

Der Chronist sieht sich in der peinlichen Rolle des Voyeurs, der auch noch Partei ergreifen soll. Keinesfalls ist er dazu berechtigt, oder auch nur interessiert, sich als Sittenrichter aufzuspielen. Die alte Herwegh, die dem Frank Wedekind gegenübersitzt, hat nicht nur ein großes Herz, sondern auch ein großes Hirn. Das beschränkt sich auf die sogenannten Fakten, ignoriert die Details. Wie oft, wann und mit wem ihr Georg wohl geschlafen hat? Er war ein schöner Mann, der einen Schlag bei den Frauen hatte. Die erste öffentlich nachweisbare und von den Paparazzis beschrieene Affaire hat der werdende Familienvater im Winter 1843/44. Ob er mit *Marie Comtesse d'Agoult*, sie war zuvor die Geliebte von *Franz Liszt*, geschlafen hat, obwohl seine Frau hochschwanger war? Schlimmer, er nennt die Mutter der späteren *Cosima Wagner* in Briefen nicht nur »Ariadne«, sondern auch noch »Diotima«. Völlig eindeutig, jedenfalls auf den ersten Blick, ist das Verhältnis, das er Jahre später, die Revolution war längst perdu, mit der Frau seines Freundes *Alexander Herzen* einging. »Shame and scandal« in Emigrantenkreisen, Schlagzeilen in der halben Welt. Mit dieser leidenschaftlichen Beziehung zu *Natalie* hat er sich seinen Ruf endgültig ruiniert. Die »sittsamen Kreise« triumphieren, als ein vorgeblich gehörnter Ehemann im Bordell hinter Champagnerflaschen enragierte Resolutionen ausbrütet, die er mit dem Affekt eines Bombenlegers in die eh schon heillos zerstrittene Emigrantenszene schmeißt, den Dichter blutrünstig zum Duell fordernd. Das ist der Skandal, auf den man auch in einigen Pfarrstuben seiner einstigen Tübinger Stiftsgenossen gewartet haben wird. So wird, wenn wir uns diese Sottise gestatten wollen, auch aus einem schwäbischen Pfarr- ein Freudenhaus.

Es gibt, allen gegenteiligen Beteuerungen zum Trotz, ein Leben vor dem Tod. Auch wenn sich dessen Eskapaden als äußerst kompliziert erweisen und seine Propheten meist kläglichst scheitern: »Emma, glaub' an das Leben, es ist noch nicht für uns vorbei. – Manches ist wunderlich, u. man muß sich hüten Alles vorschnell lösen und begreifen zu wollen. Vielleicht ist's ja nicht einmal Conflict der Gefühle – vielleicht bestehen zweierlei zu gleicher Zeit mit gleichem Recht nebeneinander – – – Sei gut!« Und weiter im Evangelarium der freien Liebe, die Georg-Briefe an Emma, zweiter Teil: »Alles verworren, compliciert; keine Lösung menschlicher Weise denkbar. Und doch denkbar, – nach meinen Begriffen, – doch! doch! Ein schönes, harmonisches Zusammenleben freier Menschen. Es läßt sich mit Natalie leben, glaub's mir. Sie ist so unendlich gut, so unendlich rücksichtsvoll und zartfühlend...«

Zu Wedekinds Pariser Lesestoff gehören die in Deutschland noch lange auf dem Index stehenden »Liaisons dangereuses« des *Choderlos des Laclos*, doch die gefährlichsten Geschichten schreibt allemal das Leben selber. In der Wohngemeinschaft der Familien Herzen &

Herwegh ist im Wortsinne der Teufel los, und ums Haar – auch in Nizza liegt unter dem Pflaster nicht immer nur der Strand – kommt es zu ganz banalem Mord und Totschlag. Denn die Offenheit der Herweghs ist im Hause Herzen keineswegs der Usus. Nizza wird dem »Theoretiker der freien Liebe« zum Damaskus, akribisch und entsetzt, freilich ohne es selbst so recht zu begreifen, registriert Alexander Herzen seine eigene Verwandlung zum Apologeten doppelter Moral. Zum Jahresende 1850 kommt es zur Explosion, Natalie ist hochschwanger, und keiner weiß von wem. Herzen will seinen einst so innig geliebten Herwegh, der verzweifelt in immer kürzeren Abständen zur Flasche greift, von den Klippen in den Orkus schleudern, Koffer werden ein- und wieder ausgepackt, Doppelselbst- und Einzelmorde geplant und wieder verworfen, einzig und allein die selbst unsäglich verletzte Emma erweist sich sozusagen als der Fels in der Brandung, indem sie – so eine Bemerkung von *Gottfried Keller* – eine Zigarette nach der anderen »dampft«, von Zimmer zu Zimmer eilt und die drei heillos in ihren Gefühlen verstrickten und verwundeten Seelen tröstet. Nicht nur die KriegsgewinnlerInnen des Feminismus sitzen auf ihrem kurzen Marsch von den historischen und germanistischen Seminaren in die Beletagen der Kulturämter verlegen vor ihrem Laptop und rätseln, wie man Emma Herwegh und Natalie Herzen auf Kosten ihrer Männer instrumentalisieren kann. Was immer auch bei solchen Rechnungen herauskommen mag, sie sind allemal zu billig. Es gibt in dieser von uns nur en miniature wiedergegebenen Tragödie keine simpel zu besetzenden Schurken und Heldinnen, betreten ziehen wir den Vorhang zu, und wieder alle Fragen offen.

Das von Spannungsbögen labyrinthisch überwucherte Leben der Emma H. sperrt sich in seiner schier unglaublichen Fülle gegen seine Reduzierung auf ein Leporelloalbum. Der Not folgend, bleibt uns nichts anderes übrig, als mit einem neuen Blatt das Genre zu wechseln und uns von der Tragödie der flüchtigen Beschreibung einer Romanze zuzuwenden, die es aber ebenfalls so in sich hat, daß sich der Plauderton verbietet. Die Affaire mit Natalie Herzen führt zu einer vorläufigen Trennung, erst nach zwei Jahren wagt es Georg, Emma darum zu bitten, zu ihm zurückzukehren. Aus den »Pariser Tagebüchern« des Frank Wedekind wissen wir, daß sich Emma Bedenkzeit erbeten hat und erst, als sie sich sicher war, daß »nie ein Vorwurf über ihre Lippen komme«, sei sie mit den Kindern zu ihm zurückgekehrt. Ihrer Moral aus dieser Geschichte, mit einer solchen Enttäuschung müsse man sich »entweder abfinden oder das Maul halten«, ist nichts hinzuzufügen.

Die kämpferische und selbstbewußte Frau, rastlos für die Revolution in halb Europa tätig, übt auf verwandte Naturen eine magische Anziehung aus. Die polnischen Revolutionäre sind von ihr, die, wenn es sein muß, schon einmal als Agitatorin auf Wirtshaustische springt, ebenso begeistert, wie *Michail Bakunin* oder beispielsweise *Garibaldi*, dessen Memoiren sie später übersetzen wird. Im Kreis der italienischen Emigranten lernt sie auch *Felice Orsini* kennen, der, obwohl sie auch in der Trennungszeit an ihre unverbrüchliche Verbindung mit Georg glaubt, ihr Geliebter wird. Die Andenken an ihn, dem sie mit einem abgelaufenen Paß ihres Mannes zu einer kurzzeitigen Existenz als »Giorgio Hernagh« verhilft und dem sie, als er in Mantua in Banden sitzt, einen Mantel mit eigenhändig mit Opium gefüllten Knöpfen zur Betäubung seiner Wärter schickt (und dem dann schließlich mittels von ihr in einem Bucheinband ins Gefängnis geschmuggelter Sägeblätter tatsächlich die Flucht gelingt), hütet sie »wie Reliquien«. Doch auch dieser »Romanze« fehlt, um uns zugleich beschämt im Ton zu irren, das Happy-End: Felice Orsini stirbt nach einem mißglückten Bombenattentat auf Napoleon den III. im März 1858 unter der Guillotine.

Die Anekdote fungiert im Prozeß der Aneignung und Vermittlung von Geschichte nur allzuleicht als Fallbeil. Man hat den Alltag des Emigratenehepaars nur gar zu gerne als ein Salonbild dargestellt. Zumindest der üppige Rahmen erweist sich bei näherer Betrachtung als eine aus Neid und Mißgunst konstruierte Legende, die ihre Ursache in dem üblen Fluch noch jeder Emigrantengeneration hat, dem ideologischen Hader, der mit der Entfernung von dem kleinsten gemeinsamen Nenner, dem Vaterland, in dem Maße wächst, wie sich das Bewußtsein für die unterschiedlichen sozialen Verhältnisse im engen Nebeneinander der Emigranten schärft. Unter den Flüchtlingen der bürgerlichen Revolution finden sich neben Arbeitern und Handwerkern, die sich mit nichts als ihren auf der Flucht ruinierten Kleidern über die Grenzen retteten, auch steinreiche Bürgersöhne, und selbst die waren im Vergleich zu einigen russischen Emigranten sozusagen Waisenknaben. Was Frust und Verbitterung nicht schafften, schaffte mit Sicherheit das Heer der Spitzel und Agents provocateurs, von denen es in den Hauptstädten der Emigration nur so wimmelte.

Schon die junge Emma Siegmund mußte in Berlin die Erfahrung machen, daß sich unter ihren Bewerbern auch ein Polizeispitzel befand, der damit beauftragt war, ihre Verbindungen zu den revolutionären Polen zu erforschen. Nur zu gerne verbreitete man die Mär von der nie endenden Mitgift der Seidenwarenhändlertochter, die, freilich bald nach der Revolution enterbt, schließlich darauf angewiesen war, für den Unterhalt der Familie die Bibliothek von Georg Herwegh Titel für Titel zu »Schandpreisen« zu verkaufen und heimlich Bettelbriefe zu schreiben, die ein großartiges Zeugnis davon ablegen, wie man selbst dies mit Würde und Haltung durchstehen kann. Als sie sich dann 1867 dazu entschließt, bei der »Deutschen Schillerstiftung« um eine bescheidene Pension für ihren Mann nachzusuchen, gewährt man ihm nach unwürdigem Hin und Her die schäbige Summe von einmaligen 250 Reichstalern, die borniert-gehässigen Marginalien des Komitees finden sich dazu gratis in den Akten. Zur gleichen Zeit erhält der aus dem Exil zurückgekehrte *Freiligrath,* der einstige »Trompeter der Revolution« und »edle Ferdinand«, wie ihn die boshafte Lästerzunge *Marx* apostrophierte, die stolze Summe eines Nationalgeschenks von 60 000 Talern, was ihm dann sicher nach Sedan mit den Entschluß erleichterte, dann doch noch auf die Zinnen der richtigen Partei zu klettern und sein deplaziertes »Hurrah, du schönes stolzes Weib, hurrah Germania!« zu brüllen, das einem Herwegh angesichts der auf dem »Feld der Ehre« abgelagerten Leichen im Halse stecken bleibt: »Du bist im ruhmgekrönten Morden / Das erste Land der Welt geworden: / Germania, mir graut vor dir!«

Der von seinem Wortsinne her schöne und wahre Satz »von der Gnade der späten Geburt« desavouiert sich nicht dadurch, daß er als unreflektierter und wenig demütiger Output eines sich als fleischgewordene Inkarnation Bismarcks verstehenden Zeitgenossen gehandelt wird, der sich freilich mitunter so intim in den Mantel der Geschichte hüllt, daß man sich mit seiner bescheidenen Fremdsprachenkenntnis die schüchterne Frage stellt, ob diese verwirrenden Laute, die gelegentlich hinter dem mächtig hochgeklappten Kragen zu uns so vollmundig herübertönen, noch dem Bereich der deutschen Zunge zuzuordnen sind oder schon einen Teil der vielbeschworenen europäischen Gemeinsamkeit zum Ausdruck bringen. Wie dem auch sei, in einer Nation, wo ernsthafte Mannen ernsthaft – und unter Einschaltung von ansonsten offenbar unterbeschäftigten Gerichten – die Frage diskutieren, ob *Tucholskys* Satz – »Soldaten sind potentielle Mörder« – als persönliche Beleidigung ihrer und nur ihrer potentiellen Weltfriedensengel anzusehen sei, wird man noch mit ganz anderen Fragen konfrontiert, so leider auch der, ob die im Land der Dichter und Denker offensichtlich reichlich abhanden gekommenen Tassen nun in den leergeräumten Bücherschränken lagern? Angesichts dieser bedenklich ausufernden Neigung zu einer nonchalanten Bohemewirtschaft kann man in der Tat nur hoffen, daß im europäischen Haus dann endlich wieder gesittetere Zustände einkehren. Sollte sich dessen Möblierung, die uns diverse Kataloge in den leuchtendsten Farben schildern und die uns unsere so vieles versprechenden Vertreter zu jeder Tag- und Nachtzeit scharenweise ungefragt ins Haus schleppen, nach unserem sicher noch mit ein wenig Entrümpelung einhergehenden Umzug erst einmal so gemütlich gestalten, daß wir darin ein ruhiges Eckchen finden, so würden wir gerne das vor dem rohen Zugriff der Möbelpacker ins Handgepäck gerettete Leporelloalbum aus der Rue des Saints-Pères aus unseren Habseligkeiten wickeln und es in dem dort hoffentlich vorhandenen Salon deponieren. Still darauf hoffend, daß unsere Kinder und Kindeskinder gelegentlich mit Respekt und Dankbarkeit darin blättern und sich, wer weiß, in einem unbeobachteten Moment vielleicht verstohlen eine Zähre aus ihren ansonsten immer strahlenden Gesichtern wischen. Vielleicht benützen sie dazu eine ganz zartweiche Euronote, auf der als Losung in allen europäischen Sprachen die Zeilen des einmal bekanntesten Gedichts von Georg Herwegh prangen, eingerahmt von den Konterfeis seiner so tapferen Gemahlin im Kreise von *Bakunin, Orsini, Blanqui, Mieroslawski*, als eine rührende Erinnerung an die fernen und versunkenen Zeiten, wo man noch meinte, daß das Wünschen geholfen hat: »Mann der Arbeit, aufgewacht! / Und erkenne deine Macht! / Alle Räder stehen still, / Wenn dein starker Arm es will.«

Man wird uns die berechtigte Frage stellen, warum wir dem auf dieser imaginären Euronote um Emma Herwegh gruppierten Kränzchen nicht mit *Gottfried Keller* zumindest auch noch einen Schweizer zugesellen? Wir gestehen gerne, daß wir der von uns im Verlauf unserer

Geschichte immer mehr liebgewonnenen Emma, die den Sarg ihres Georg vorsorglich »in freier Erde« wissen wollte und auch sich selbst, nachdem sie hochbetagt am 24. März 1904 in Paris gestorben war, zu ihm nach Liestal ins Baselbiet bettete, eine Ausflucht offenlassen wollten. Sollte sich aber das europäische Haus zu einem Palast ausweiten, der den Hütten anderer Erdteile und Völkerschaften Frieden bringt, so wird sich auch die Schweiz unserem Freudentaumel kaum entziehen können. Und dann wird sich selbstverständlich auch Gottfried Keller in diesem Kränzchen abgebildet finden, obwohl er es so recht eigentlich nicht verdient hat. Immerhin können wir ihm vorwerfen, daß er sich in der Nacht bevor er sein süß-saures oder sauer-süßes Amt als Staatsschreiber anzutreten hatte, bei einem Besuch bei den damals in Zürich wohnenden Herweghs ziemlich danebenbenommen hat. Die Havannas einiger anwesenden Damen – unter ihnen Emma, die russische Nihilistin *Lydia Idaroff*, *Ludmilla Assing*, letztere im roten Garibaldi-Hemd – sind ihm, wie auch die reichlich gereichten Getränke und Gespräche offensichtlich so zu Kopf gestiegen, daß er einen so gewaltigen Kropf bekam, den er nur noch vermittels eines Stuhles und unter der Verwendung des glücklicherweise nur in der schriftdeutschen Version überlieferten Schlachtrufs – »Jetzt ist's mir zu dick, ihr Lumpenpack, ihr Gauner!« – auf dem armen *Ferdinand Lassalle* entleeren zu können meinte, der sich freilich zuvor mit seiner Begleiterin, der *Gräfin Hatzfeld,* der staunenden Runde mit pendelnder Uhr als Magnetiseur präsentierte und vermutlich deshalb zumindest diesem Schicksalsschlag entgangen ist. Der ebenfalls anwesende Oberst *Rüstow,* der dem armen Ferdinand drei Jahre später als Sekundant beistehen muß, hat sich um keine Duellpistolen zu bekümmern, und der tapfere Gottfried verfällt anschließend in einen so friedlich-währschaften Schlaf, daß er sein neues Amt am nächsten Morgen mit ungebührlicher Verspätung antritt. Da ihm dies großmütig verziehen wurde, wollen wir ebenfalls nicht kleinlich sein, zumal er ein so sensibler Liebhaber seiner Katze war, daß, hatte sie sich in der Amtsstube auf einem Aktenstoß erst einmal behaglich schnurrend eingerichtet, er niemals auf die gewalttätige Idee gekommen wäre, sich den unter ihr lagernden Akten eher zu nähern, als bis die Katze selbst ein Einsehen hatte und sich, dem Fortgang der weiteren Regierungsgeschäfte der republikanischen Schweiz zuliebe, durchs Fenster in den Garten trollte. Zu gerne würden wir dieser republikanischen Katze ihren Platz im europäischen Palast einräumen und sie als »Boten aus der Schweiz« selbst dann auf einer kleinen Euromünze freudig verewigt sehen, falls sich der Beitritt noch etwas hinziehen sollte. Mag dieser Vorschlag in den Ohren sowohl euroavantgardistischer Bundesrepublikaner als auch tiefskeptischer Schweizer zunächst befremdlich klingen, so verweisen wir darauf, daß eine Katze wesentlich weniger Raum einnimmt als ein Schimmel, der sich zudem und naturgemäß nur auf Schwarzgeld in bester Abbildungsqualität reproduzieren läßt, womit dann auch die Schweizer leben könnten, sollten sich die Resteuropäer dazu entschließen, für die Leihgabe des Züricher Katzenmotivs ihren geliebten Brüsseler Amtsschimmel für die dann neu einzuführende 5000-Franken-Note abzutreten.

Bevor wir uns nun endgültig vergaloppieren, heißt es mit leiser Wehmut Abschied nehmen und Emma adieu zu sagen, denn die Furie des Verschwindens, die uns für einige Augenblicke das Rendezvous in der Rue des Saints-Pères gestattete, scharrt schon eifersüchtig mit dem Fuß. Mögen mich auch die »Weiber mit und ohne Hosen«, wie Emma Herwegh die etwas zu zart besaiteten Naturen beiderlei Geschlechts zu bezeichnen pflegte, einen unverbesserlichen Macho schelten, so erlaube ich mir doch, mir auf ihr Gedächtnis eine Havanna zu entzünden, mir vor dem Einnachten ein wenig einzuschenken und ihr durch den zarten Nebel einen Handkuß ins schöne Liestal zuzuhauchen, dabei Schillers »Brüder, überm Sternenzelt« vor mich hin zu summen und ihr und ihrem Georg und auch mir dereinst, wenn aus Bettlern »Fürstenbrüder« werden, einen »süßen Schlaf im Leichentuch« zu wünschen. Mit zunehmender Dämmerung entschwinden mir im wohligen Dampf meiner »Montechristo« so viele der Lebendigen gnädig in weite Fernen, und in den schweren Schwaden zeichnen sich die Gesichter und Charakterköpfe der weit lebendigeren Toten ab. Ich erhebe mein Gläschen auf das Wohl von Emmas Streit- und Kampfgefährten, tausche mit Georg, an *Natalie* denkend, schwermütige Blicke, träume mich mit *Alexander Herzen* und *Frank Wedekind* zu zweifelhaften Damen, zwinkere, wieder munterer geworden, *Michail Bakunin* zu und schnuppere an den Opiumknöpfen von *Orsini*, mit dem ich ein wenig über die Wirkungen des Dynamits sinniere, um dann anschließend mit dem etwas verbittert wirkenden *Marx* verstohlen von den noch immer erstaunlich erfrischend schmeckenden verbotenen Früchten der Erkenntnis zu naschen, die wohl schon etwas länger lieblos neben einem Exemplar der Bergpredigt in der Ecke lagern. Lange schweige ich mit *Gottfried Keller*, trinke mit *Mieroslawski* Wodka, mit *Mazzini* und *Garibaldi* Vino rosso, freue mich über *Franz Liszt* am Klavier und lausche ergriffen *Friedrich Hecker*, der virtuos die rethorische Orgel handhabt, ohne dabei seinen Hut auch nur einmal abzusetzen. Vaterländische Gedanken drängen sich in meine Brust, und verärgert denke ich an früher, also an meine Zeitgenossen. Ich leihe mir von *Heine* ein paar Zeilen, die ich nur geringstfügig zu verändern brauche und, von der anregenden Gesellschaft unternehmungslustig geworden, als serielle Postkarte an Gott und die Welt, besonders aber an so manchen meiner früheren Kumpane zu verschicken beabsichtige. »Denkt *ihr* an Deutschland in der Nacht / Dann bin ich um den Schlaf gebracht.« Ich weiß nicht, ob es mehr der Gedanke an die schon wieder gestiegenen Portokosten ist, der mich von meinem verstiegenen Vorhaben wieder abbringt, oder ob ich mich bereits dabei ertappe, im Geiste eine dieser Karten notwendigerweise auch an mich selbst zu adressieren, es wird mir jedenfalls immer wohler in diesem Kreis, und ich bin nur etwas irritiert von *Richard Wagner*, der sich, wie mir Emma zuflüstert, mir eine ihrer wunderbaren Malicen aus ihren Briefen anvertrauend, wie »eine hysterische Frau« aufführt, sich aber scheinbar blendend mit ihrem Georg zu verstehen scheint. Männerfreundschaften, denke ich, sind doch manchmal etwas sehr seltsames, und während ich, je länger der Abend dauert, um so älter werde, ertappe ich mich erschreckt bei dem Gedanken, der immer jünger werdenden Emma mehr als nur einen Handkuß zuzuwerfen... So weit also ist es schon mit mir gekommen und – in mich gehend – entfährt meiner schuldbewußten Brust ein langer Seufzer: Ja, es ist schwer, den rechten Weg zu wandeln, zumal wenn man in den tiefsten Tiefen seines verstockten Herzens noch immer ein wenig von Revolutionen träumt.

Die Gegenwart hat mich wieder, und auch bei geöffnetem Fenster weiß ich nicht so recht, soll ich nun froh darüber sein. Die Schatten der vergangenen Nacht mögen mir verzeihen, wenn ich ihnen nur unzulänglich gerecht geworden bin. Viele habe ich vergessen zu erwähnen, und beim Zuklappen des Leporellos fallen mir vor allem meine Versäumnisse ein. Besonders leid tut es mir um Alexander Herzen, der in unserer Geschichte viel zu schlecht weggekommen ist. Deshalb soll er mit dem Schluß aus seinem »Epilog auf 1849« selbst zu Wort kommen. Entstanden ist dieses faszinierende Stück Prosa im Dezember 1849, dem Höhepunkt der Freundschaft mit Georg Herwegh. Herzen verflucht nicht nur dieses »Blut- und Wahnsinnsjahr«, die Blutopfer der in ganz Europa siegreichen Reaktion und die »Kugeln, mit denen der Bruder des Königs von Preußen die Badenser erschießen ließ«, sondern vor allem die eigene »schwachgewordene Generation von Kastraten«, unfähig »zur Rache«, da deren »Blut kalt« geworden und »heiß nur unsere Tinte« sei: »...unser Denken hat sich an Reize gewöhnt, die keine Spur hinterlassen.« Und daraus zieht er dann sein bitteres Resümee, das nur für die Ohren nach purem oder gar zynischem Fatalismus klingt, die noch immer nicht das gewaltige Krachen im Gebälk registrieren, die noch immer verdrängen, daß das endgültige Ende des Zeitalters der bürgerlichen Gesellschaft schon längst begonnen hat und eine Epoche, die mit der gescheiterten Revolution von 1848/49 einen so turbulenten wie von ihr nicht begriffenen Fehlstart hatte, sich in den Turbulenzen der Geschichte aufzulösen im Begriff ist. Alexander Herzen hat uns unser Menetekel an die Wand geschrieben. Uns hilft kein Heulen. Und wohl auch kein Zähneklappern. Bleibt das Warten auf Wunder. Ob das hilft? Wir werden sehen:

»Nur ein Trost bleibt übrig: es ist sehr wahrscheinlich, daß die kommenden Generationen noch mehr entarten, noch seichter werden, noch ärmer an Verstand und Herz; für sie werden unsere Angelegenheiten bereits ein Buch mit sieben Siegeln und unsere Gedanken unverständlich sein. Wie die Herrscherfamilien verdummen auch die Völker vor dem Fall; ihre Begriffe verdunkeln sich, sie verlieren den Verstand – wie die Merowinger, die in Ausschweifung und Blutschande gezeugt wurden und in einer Art Dusel starben, ohne je zu sich gekommen zu sein; wie die bis zu pathologischen Kretins entartete Aristokratie wird das zerbröckelte Europa sein klägliches Leben zu Ende leben in stumpfsinnigem Dahindämmern, in matten Gefühlen ohne Überzeugungen, ohne schöne Künste, ohne mächtige Dichtung. Schwache, mickrige, dumme Generationen werden sich mit Ach und Krach bis zum nächsten Ausbruch, bis zu dieser oder einer anderen Lava hinschleppen, die einen steinernen Schleier über sie decken und der Vergessenheit der Chroniken verfallen wird. – Und dann?«

Den Blutzoll für das Scheitern der bürgerlichen Revolution hatten zumeist Proletarier zu bezahlen, sie waren es vor allem, die in der ersten Linie kämpften und den Standgerichten am gnadenlosesten zum Opfer fielen. Diese Verlierer und erst recht deren Anführer, auch wenn diese wiederum aus den eigenen Reihen kamen, hat man zwar für ein paar begeisterungsvolle Wimpernschläge in den Salons der besseren Stände hochleben lassen, um sie dann mit zunächst ängstlichem, sehr schnell vorwurfsvollem und dann offen zynischem Pilatusblick um so gründlicher im Regen stehen zu lassen. Ihre Illusion, daß hinter ihnen eine ›Bewegung‹ stünde, hatten sie vor allem mit dem Spott und Hohn derer zu bezahlen, die zunächst pathetisch das Maul aufrissen, um es dann staunend in diesem Zustand zu belassen, bevor sie es mit bösem Grinsen wieder schlossen um ungerührt ihre Geschäfte aufzunehmen.

So nimmt es nicht wunder, daß sich die Geschichte der gescheiterten Revolution von 1848 vor allem als eine Art Comedy-Show tradiert hat, die sich mit immer wieder aufgewärmten und in vielen Fällen völlig frei erfundenen Anekdoten und Legenden stets aufs neue selber würzt. So ist es denn auch kein Wunder, daß dem Handexemplar von Emma Herweghs »Zur Geschichte der deutschen demokratischen Legion aus Paris«, das ich glücklich auffinden und an das Stuttgarter »Haus der Geschichte« weiterleiten konnte, auch eine Karikatur eingebunden ist, die 1848 in den »Fliegenden Blättern« erschienen ist und Emma Herwegh auf einem von einem Pferd gezogenen Leiterwagen zeigt, während ihr Mann ängstlich unter ihrem Rock hervorlugt. Vermutlich handelt es sich um die Vor- oder Reinzeichnung für den späteren Abdruck, und es zeugt von einer seltsamen Ironie, daß der holländische Antiquar, von dem ich es für sehr teures Geld erwerben konnte, auch diese originale Federzeichnung Emma Herwegh selber zuschrieb. So überleben nun also auch im Archiv der Versuch der Wahrheitsfindung und der Spott, dem nicht nur die Zeitungen und Stammtische, sondern unter den zahlreichen Literaten auch ein *Heinrich Heine* aufgessen sind, im Doppelpack. Nur zu gerne würde ich wissen, wie diese Variante der ursprünglich von einem Frankfurter Turnlehrer – »spaßeshalber«, wie er später selber renommierte – frei erfundenen »Spritzleder-Legende«, deren bösartigste Version im »Guckkastenlied vom großen Hecker« sozusagen zum Evergreen eines reaktionären Zynismus geworden ist, ausgerechnet in das Handexemplar der Emma Herwegh gefunden hat. Vermutlich wird es sich um einen Sammler oder Historiker gehandelt haben, der diese wenig pietätvolle Ehe vermittels eines Buchbinders geschlossen hat. Leider sind diesbezügliche Recherchen nicht mehr möglich, Bücher haben sehr oft die ganze Welt gesehen und unser Exemplar vor Holland wohl die USA.

Gut möglich, daß es in der Rue des Saints-Pères zum ersten Mal seinen Besitzer wechselte. Denn Frank Wedekind wird auf Emmas Bitte hin sozusagen ihr literarischer Agent. Nach über dreißig Jahren hatte Emma Herwegh in Erfahrung bringen können, daß die Restauflage ihrer 1849 bei *Levysohn* in Grünberg in Schlesien erschienenen Broschüre, die zwar sofort nach Erscheinen verboten und beschlagnahmt wurde, dem üblichen Schicksal der Einstampfung entgangen ist und wie durch ein Wunder 1881 bei einem Umzug des Verlags nach Berlin wieder aufgetaucht ist. Wedekind sucht deshalb in ihrem Auftrag in der Schweiz nach einer Vertriebsmöglichkeit für diese Restauflage, empfiehlt Emmas Arbeit aber auch als historisches Dokument für eine Neuauflage erfolglos »Reclams Universalbibliothek«. Nicht nur Emma – »Es ist wirklich sehr anerkennenswert, wenn ein junger Schriftsteller, eben auf dem Punkt, seine Schöpfung auf die Bühne zu bringen, noch so viel Interesse für die Leistungen dritter behält (...)« – ist darüber sehr gerührt, wir sind es auch und würden uns darüber freuen, wenn Emmas Versuch, die Dinge zurechtzurücken, eine möglichst weite Verbreitung finden würde. Doch sind wir uns nicht gerade sicher, ob unser wagemutiger alemannischer Verleger, dem wir an dieser Stelle für sein pekuniäres Risiko und seinen Einsatz unseren herzlichen Dank abstatten (und dem wir in seiner Bescheidenheit ganz unbescheiden verbieten, diesen Einschub aus den Fahnen zu entfernen) damit sein Glück machen wird. Denn alle von Wedekind angesprochenen Verlage in Deutschland und der Schweiz und selbst der damals tagende »Socialistische Kongress« winken nur müde ab. Dabei schließt diese kleine Schrift (erst recht in unserer Ausgabe mit den hier erstmals nach ihrer Hand ergänzten Zensurlücken) eine reichlich blinde Stelle in der Überlieferung, und ihrem Fazit – »Ich bürge für jedes Wort, das darin steht« – können wir getrost trauen, auch wenn sie selbstverständlich und naturgemäß Partei ist, so stimmen doch die Fakten, überprüft man sie mit den Angaben anderer Teilnehmer und Augenzeugen, ja selbst der Gegner in Gerichtsberichten, im wesentlichen durchweg überein *(Michail Krausnick)*.

So haben wir zwar den Text ihres Handexemplars mit aller gebotenen Akribie wieder hergestellt, aber bewußt auf einen wissenschaftlichen Apparat verzichtet, versichern jedoch gerne, daß uns unsere Recherchen neben dem Vergnügen durchaus auch eine nicht geringe Menge Fuß- und auch anderen Schweiß gekostet haben. Ohne Michail Krausnick, der mir selbstlos und großmütig sein Manuskript für sein »Marbacher Magazin. Sonderheft 83« anvertraut hat, wäre dieses »Rendezvous in der Rue des Saints-Pères« nicht möglich geworden. Ich gestehe gerne, daß ich dieses Manuskript ausgiebigst geplündert habe, aber dann doch so unvollständig, daß niemand, der bis zu dieser Stelle durchgehalten hat, umhin können wird, es sich anzuschaffen.

Bleiben zwei mir persönlich wichtige Surrogatfußnoten. Die erste betrifft den von Emma arg gezausten *Jakob Venedey*, der freilich schon in einem potentiellen Erstverleger der Broschüre *(Löwenthal* in Frankfurt) einen Fürsprecher gefunden hat. Löwental nämlich macht wegen zu vieler »Ausfälle gegen den Sentimentalitäts-Esel Venedey« – so *Karl Vogt* in einem Brief vom 30. September 1848 an Emma (siehe *Krausnick)* – einen Rückzieher, dem Rückzieher anderer Verlage, freilich aus anderen Gründen (Zensur etc.) folgen, so daß das Manuskript schließlich nach Schlesien wanderte, wo es »nebst saurem Most, sogleich die Presse verlassen soll« (so das Kompliment von Karl Vogt an Emma am 28. Oktober 1848). Die Empfindsamkeiten späterer Tage war diesen rauhen Zeiten fern, der Umgangston in den Emigrantenkreisen, wo man es insbesondere auf die Abweichler der jeweils eigenen Fraktion abgesehen hatte, stammte nicht eben aus dem Mädchenpensionat. Da aber gerade der heute viel zuwenig bekannte wackere Venedey, der zu den Gründern des »Bundes der Geächteten« gehörte und der bis ins hohe Alter niemals zu Kreuze kroch, auch wenn er die Fahne der sozialen Demokratie nie nach der Linientreue schwenkte, von Emma so ausgiebig gezaust wird, daß man ihn gar für einen finsteren Reaktionär halten könnte, bin ich diese Anmerkung nicht nur ihm und mir und Emma, sondern auch dem Enkel (sic! – auch unter Demokraten gibt es gottlob zählebige Dynastien) von Jakob Venedey schuldig, der sich eines Tages zu meiner großen Freude mit mir in Verbindung setzte. Nicht gerade mehr der Jüngste, engagiert er sich noch immer für einen Weg, der zwar nie zum Ziel führen, aber dennoch der einzige ist, den man mit aufrechtem Gang gehen kann. Und da wir uns nun also schon ganz en famille befinden, möchte ich noch aus einem Brief zitieren, mit dem Emma Herwegh der Mutter von Frank Wedekind antwortet, als sich diese bei ihr für die vielen angenehmen Stunden ihres Sohnes in der Rue des Saints-

Pères bedanken will. Charmant macht sie eine Halse und schreibt: »Zu danken hat sie mir übrigens für garnichts, da mir die mit ihrem Filius verlebten Stunden jedenfalls ebenso angenehm gewesen, als sie es ihm sein konnten.«

Rührung und Eifersucht halten sich bei uns die Waage, jedenfalls beschließen wir an diesem Punkt, die Rue des Saints-Pères – vielleicht sollten sie künftige Generationen Emma zuliebe doch in Rue des Saints-Mères umtaufen? – für heute endgültig zu verlassen, obwohl wir noch liebend gerne dabei zugehört hätten, was sich die beiden über Wedekinds Großvater, den Vater seiner Mutter, zu erzählen haben, der ein wahrer Feuerkopf, und dies nicht nur als einer der Erfinder des Phosphorstreichholzes war, sondern »wegen intellektueller Beihilfe zum Hochverrat« in der Festung Asperg saß, bevor er dann seiner Heimatstadt Ludwigsburg Valet sagt, sich im Züricher Vorort Riesbach niederläßt und wir dann wiederum auf seinem Sofa die vertrauten Gestalten eines *Hecker, Herwegh, Pfau* und *Fröbel* wiederfinden. Doch dies wäre dann wieder eine ganz neue Geschichte...

Dank

Wir danken dem »Haus der Geschichte Baden-Württemberg« in Stuttgart, das uns freundlicherweise den Abdruck (Inventar-Nummer HdG 97/63) gestattete und uns Kopien des Films zur Verfügung stellte. Insbesondere danke ich *Sabrina Müller* vom »Haus der Geschichte«, die sich der Mühe der äußerst schwierigen Entzifferung mit großer Sorgfalt unterzogen hat, sowie *Jochen Meyer* vom »Deutschen Literaturarchiv« in Marbach und *Michail Krausnick* (Neckargemünd) für freundliche Hilfe.

Michail Krausnick hat mir darüber hinaus uneigennützig das Manuskript für sein »Marbacher Magazin – Sonderheft 83/1998 »Nicht Magd mit den Knechten. Emma Herwegh, eine biographische Skizze« zur Verfügung gestellt, das damit als unentbehrliches Begleitheft zu unserer Ausgabe zu gelten hat.

Für die Abbildung auf dem Umschlag und auf *S. 92* danken wir *Johannes Grützke*, für das Foto von Emma Herwegh *(S. 100)* dem »Dichtermuseum/Herwegh-Archiv« in Liestal.

Horst Brandstätter,
Jahrgang 1950, lebt als Autor,
Antiquar und Galerist in Öhningen am Bodensee.
Seit »Asperg – Ein deutsches Gefängnis« (1978) zahlreiche
Buchveröffentlichungen zu vergessenen Autoren und verdrängten Traditionen.
Zuletzt in der »Anderen Bibliothek« – gemeinsam mit Bernd Neuzner –
»Wagner. Lehrer, Dichter, Massenmörder«.

Johannes Grützke stellte uns freundlicherweise
die Zeichnung (S. 92) sowie das Umschlagbild zur Verfügung.
Beide Bilder entstanden im Zusammenhang der Inszenierung
eines revueartigen 48er-Stücks am Badischen Staatstheater Karlsruhe
»Emma H. oder Vom Traum der deutschen Republik«,
dem Michail Krausnick auch Emma Herweghs Text zugrunde legte.

Und wenn jemand fragen sollte, in welch innerem Zusammenhang
dieses dramatisch-ruhevolle Umschlagbild zum historischen Text stehen könnte,
so sei schon mal darauf hingewiesen,
dass die in der Bildmitte gedankenvoll ihre Zigarre schmauchende Emma H.
angesichts der prüfend exaltierten Mimik
und der heftig modellierenden Rechten des Künstlers,
vermutlich an ihren Georg dachte,
– Georg vor dem Hôtel de Ville (s. o. S. 19ff.), Georg mit Natalie (S. 108f.) –
ach, die Männer, und ihre alt-jugendliche Lust,
bei der Modellierung der Wirklichkeit ins Idealische zu spachteln.

»...da mir's vollkommen einerlei,
ob man diese kleine Brochüre aus Interesse, Neugier,
ja selbst aus Böswilligkeit kauft, ob man sie mit Gleichgültigkeit,
mit Geringschätzung oder mit Befriedigung bei Seite legt,
vorausgesetzt daß man sie kauft...« (S. 9)
Nichts gegen Emmas Herweghs nonchalante Marketing-Philosophie.
Aber dies wäre zum Ende des Jahrtausends kein Buch der Libelle geworden,
wenn wir uns nicht wenigstens wünschen würden,
dass während der Lektüre eine Verwunderung darüber wachse:
wie's zu dem blinden Fleck kommen konnte, der diesen Text,
in dem sich politischer Weitblick nicht für
eine emotionale Alltags-Wahrnehmung genierte,
länger als ein Jahrhundert ungedruckt ließ (S. 125).

Und wollten Sie eigentlich nicht überhaupt schon immer
unseren Gesamtprospekt bestellen–?: Libelle CH-9574 Lengwil

Gedruckt bei Maus im badischen Konstanz
und gebunden bei Walter in Heitersheim, nahe Emmas Reiseroute
1. Auflage April 1998
ISBN 3-909081-08-8

© 1998 Libelle Verlag
Alle Rechte vorbehalten